DAS KLEINE
STERNZEICHENBUCH

Schütze

23. November – 21. Dezember

SONDERAUSGABE

Text: Peter Ripota (unter Mitarbeit von Y. Kirsch, A. Huber, B. Kleefeld, W. Martin, G. Motitschka), Ursula Fassbender
Titelabbildung: Hartmut Baier
Umschlaggestaltung: Axel Ganguin

ISBN 978-3-8174-6404-3
2011 2012 2013 2014 2015 10 9 8 7 6

Fast alle Menschen kennen ihr Sonnenzeichen – das, was man gewöhnlich als „Sternzeichen“ bezeichnet. Und mindestens die Hälfte kennt auch ihren Aszendenten. Viele lesen die astrologischen Wochenprognosen in den Illustrierten, und die Astrologen haben Zulauf wie im Mittelalter.

Was ist dran an der Astrologie? Enthält sie uraltes Wissen, vielleicht sogar von übermenschlichen Besuchern aus dem Kosmos? Oder ist sie Scharlatanerie, Geschäft mit der Gutgläubigkeit (und Vergesslichkeit) der Menschen?
Immerhin beschäftigen sich mehr ernsthafte Gelehrte und Praktiker mit ihr, wenn auch meist heimlich: Ärzte, Heilpraktiker, Psychologen, Berater. Wendet man ihre Erkenntnisse an, kommt man zu praktischen, verwertbaren Lebenshilfen. Man muss nur wissen, worüber die Sterne wirklich Auskunft geben können und worüber nicht.

Die Sterne können Auskunft geben über:
- angeborene Talente, Begabungen und besondere Fähigkeiten,
- angeborene körperliche Schwächen,
- Zeiten, in denen es günstig ist, etwas Bestimmtes zu tun,
- Zeiten, in denen es eher ungünstig ist, gewisse Dinge in Angriff zu nehmen,
- Menschen, mit denen man sich gut versteht und solche, mit denen man eher Probleme hat.

Die Sterne können nichts darüber sagen:
- wie man gerade lebt oder sich fühlt,
- ob eine Verbindung (z.B. Ehe) glücklich ausgeht oder nicht,

- wie jemand aussieht,
- an welchen Krankheiten jemand tatsächlich leidet.

Die Astrologie ist in diesem Sinn Lebenshilfe, dass sie jemandem sagen kann, wo seine Chancen liegen – vorausgesetzt, er fördert die Talente und Anlagen, die ihm unter seinem Stern- bzw. Sonnenzeichen gegeben sind. Auch kann die Astrologie bestimmte Fehler, zu denen man „natürlicherweise" neigt, von vornherein vermeiden helfen.

Und nicht zuletzt führt die Beschäftigung mit dem eigenen Tierkreiszeichen, das Nachdenken über Aussagen, die die Astrologie hierüber macht, zur kritischen und positiven Auseinandersetzung mit sich selbst: Wie oft hat man das Gefühl, beruflich oder privat am falschen Platz zu sein! Die Astrologie kann solche Gefühle bestätigen oder widerlegen. Doch es dürfte klar sein, dass das Sternzeichen allein keine erschöpfende Auskunft geben kann. Es gibt auf dieser Welt nicht nur zwölf Menschentypen, sondern so viele einzigartige Charaktere wie Menschen. Dennoch ist die Beschäftigung mit dem Sternzeichen sinnvoll. Sie zeigt die Grundtendenzen auf, die den Weg zu einem erfüllten Leben andeuten.

Einführung

Grundlagen der Astrologie

Bei Astrologie denken wir gleich an den Einfluss der Sterne. Tatsächlich wissen wir nicht, wie Astrologie funktioniert, doch jeder kann sich selbst davon überzeugen, dass sie funktioniert. Auch haben nicht die Sterne Einfluss auf uns, sondern die Himmelskörper unseres Sonnensystems: Sonne, Mond und die Planeten.

Das Sonnenzeichen

Am stärksten wirkt die Sonne, der wir unser Dasein verdanken und ohne die keinerlei Leben möglich wäre. Während der scheinbaren jährlichen Wanderung der Sonne am Himmel hält sich dieser Stern etwa einen Monat lang in je einem Tierkreiszeichen auf. Die zwölf Tierkreiszeichen haben die gleichen Namen wie die Sternbilder der Ekliptik, doch sie sind mit ihnen nicht identisch. Während Sternbilder am Himmel fest verankert sind und aufgrund ihrer großen Entfernung keinerlei Einfluss auf den Menschen ausüben können, bilden Tierkreiszeichen – oder kurz Zeichen – eine zeitliche Einteilung des Jahres. Wer im Frühjahr geboren wird, wenn alles vom Winterschlaf erwacht und nach außen drängt, der hat einen ganz anderen Charakter als jemand, dessen Geburt in die Zeit der erlöschenden Herbstsonne fällt. Aus dieser jahreszeitlichen Einteilung ergeben sich die Eigenschaften der zwölf Zeichen.

Die zwölf Zeichen

♈ **Widder** (21. März bis 20. April: Beginn des Frühlings):
Der große Kampf des aufkeimenden Frühlings gegen den unterliegenden Winter beginnt. Es bilden sich die ersten Knospen. Unter Stürmen und Kämpfen, doch mit unerschütterlichem Optimismus wächst neues Leben.

♉ **Stier** (21. April bis 20. Mai: Mitte des Frühlings):
Die Wiesen blühen, die Frühlingsdüfte erfüllen die Luft, das Leben beginnt. Die Zeit ist gekennzeichnet durch die Farbenpracht der Blüten.

♊ **Zwillinge** (21. Mai bis 21. Juni: Unruhe des Frühlings):
Etwas Neues bereitet sich vor, die Jahreszeit neigt sich dem Ende zu. Veränderungen in der Luft bringen Unruhe und Neugier. Die Bäume bilden Bätter und Zweige, Pflanzen und Tiere treten in Kontakt miteinander.

♋ **Krebs** (22. Juni bis 22. Juli: Beginn des Sommers):
Etwas Neues baut sich auf, die heißeste Jahreszeit beginnt. Regen, Feuchtigkeit und die Fülle sommerlichen Lebens erfüllen die Erde. Plötzlich kommt es zu Gewittern, zu Unruhe, zu Entladungen. In Feuchtigkeit und Hitze bildet sich neues Leben.

♌ **Löwe** (23. Juli bis 23. August: Mitte des Sommers):
Die Natur erstrahlt in ihrem höchsten Glanz. Die Sonne hat zwar den Höhepunkt überschritten, bringt aber eine ruhige und überlegene Wärme. Alles blüht hochsommerlich, voller Wärme und Energie. Die Natur hat ihre Reife erreicht.

♍ **Jungfrau** (24. August bis 23. September: Unruhe des Sommers):
Es wird Zeit, die Ernte einzubringen. Dazu braucht man Fleiß, Sinn für Ordnung und Freude an der Arbeit. Früher arbeiteten nur Frauen und Mädchen auf den Feldern, daher wird diese Zeit vom Zeichen der Jungfrau beherrscht.

♎ **Waage** (24. September bis 23. Oktober: Beginn des Herbstes):
Die Ernte ist eingefahren und muss gerecht verteilt werden. Außerdem hat man jetzt mehr Zeit für das Schöne: für Feste und Vergnügungen, für Kunsthandwerk und Geselligkeit. Das Wetter ist immer noch schön, die Herbstfarben regen zu stimmungsvollen Bildern an.

♏ **Skorpion** (24. Oktober bis 22. November: Mitte des Herbstes):
Die trübe Jahreszeit beginnt. Nebel und gefallene Blätter künden von Tod und Verwesung. Die Menschen beginnen, sich in sich selbst zurückzuziehen und auf ein häusliches Leben einzustellen.

♐ **Schütze** (23. November bis 21. Dezember: Unruhe des Herbstes):

Das Schlimmste an herbstlich-düsterer Stimmung ist überwunden. Im Spätherbst kommt nochmals eine gewisse Leichtigkeit vor den Stürmen des Winters, ein kurzer Optimismus, der mithilft, den Winter zu überstehen.

♑ **Steinbock** (22. Dezember bis 20. Januar: Beginn des Winters):

Die Sonne hat ihren tiefsten Stand erreicht, die Erde ist trocken und die Natur karg. Nur die zähen Tiere überleben, diejenigen, die sich einen Vorrat angeschafft haben und sich ans Leben klammern.

♒ **Wassermann** (21. Januar bis 19. Februar: Mitte des Winters):

Die Luft ist glasklar, alle Aktivitäten eingeschränkt. Die Natur verharrt in kälteklirrender Gelassenheit. Tätigkeiten des Geistes werden jetzt begünstigt.

♓ **Fische** (20. Februar bis 20. März: Ende des Winters):

Die Kälte schwindet, der Schnee schmilzt, alles wartet auf das Ende des Winters und auf den stürmischen Beginn des neuen Jahres.

Der Aszendent

Neben der Sonne sind natürlich auch noch andere Faktoren wichtig. So war schon im Altertum bekannt, dass der Punkt, an dem der Ost-Horizont den Tierkreis schneidet, einen entscheidenden Einfluss auf das Leben eines Neugeborenen ausübt, ganz besonders, wenn zu dieser Zeit auch noch ein Planet aufgeht.

Dieser Punkt heißt Aszendent (von lat. „ascendere" = aufgehen). Ihn zu berechnen ist etwas kompliziert und auch nur dann sinnvoll, wenn die Geburtszeit genau bekannt ist. Alle zwei Stunden geht ein neues Zeichen auf, und im Laufe eines Tages dreht sich die Erde auf diese Weise durch den ganzen Tierkreis.

Die vier Elemente

Nach frühester astrologischer Tradition werden die Tierkreiszeichen in Gruppen zusammengefasst. Das Weltensystem der alten, aus dem Orient stammenden Astrologie war geozentrisch. Die Kreisbewegungen der Planeten um die Erde wurden mit den linearen, zeitlich begrenzten Bewegungen der vier klassischen Elemente Feuer, Luft, Wasser und Erde kombiniert.

Die Vier-Elemente-Vorstellung wurde von Ptolemäus mit der Astrologie in Verbindung gesetzt. Er ordnete je drei Tierkreiszeichen den vier Elementen zu. Man spricht hier von Triplizität oder der Verknüpfung von drei Tierkreiszeichen in vier

Gruppen. Aus der Stellung der Planeten in den entsprechenden Tierkreiszeichen ergibt sich die Elementnatur. Wer in einem bestimmten Element geboren ist, hat entweder eine luftige oder feurige Natur und ein entsprechendes Temperament oder Schicksal. Die Menschen, denen die Elemente Feuer, Erde, Luft und Wasser zugeordnet werden, haben außerdem in ihrer Geburtsstunde eine bestimmte Konstellation von Sonne, Mond, Aszendent oder Planeten, die sich auch auf ihr Charakterbild auswirkt.

Nachfolgend werden die einzelnen Elemente und die astrologisch dazugehörigen Tierkreiszeichen aufgeführt:

Das Element **Feuer** (Widder, Löwe und Schütze) ist optimistisch, liebt Bewegung, ist unternehmungslustig und voll von körperlicher Energie. Der Partner verkörpert teilweise einen Mythos, also eine fantastische Gestalt, die über die Realität hinausgeht. Die Bindung in einer Partnerschaft sind gemeinsame Unternehmungen, Sport, Dynamik. Sex ist für Feuerzeichen eine wichtige Angelegenheit, bei der sie ihren Körper transzendieren und eine Art spiritueller, ekstasischer Vereinigung spüren wollen.

Das Element **Erde** (Stier, Jungfrau und Steinbock) ist realistisch und neigt deswegen zu Pessimismus und Melancholie. Es liebt Materie, also Besitz, sinnliche Vergnügungen, Arbeit und Status. Der Partner sollte ständig anwesend sein; moderne Beziehungen mit langer Trennung können Erdzeichen nicht ertragen. Die Bindung in einer Partnerschaft sind Vertrautheit, gemeinsamer Besitz, Familie, Kinder, eine gute Position in der Gesellschaft, gutes Essen und angenehme Sinneseindrücke. Sex ist für Erdzeichen eine tiefe, körperliche Erfahrung, ohne Über- oder Untertöne. Eine romantische Umgebung kann wichtig sein, Gespräche beim Sex sind eher störend.

Das Element **Luft** (Zwillinge, Waage und Wassermann) liebt die Freiheit und redet gern. Es ist kontaktfreudig und muss die Wirklichkeit durch ein geistiges System ordnen. Luftzeichen lieben geistvolle Gespräche und nehmen die Welt leicht. Der Partner kann weit weg sein; Telefongespräche ersetzen dann den körperlichen Kontakt. Die Bindung in einer Partnerschaft sind geistige Auseinandersetzungen, Gespräche und Ideen. Sex ist für Luftzeichen nicht so wichtig. Gespräche, also Verbal-Erotik, können den eigentlichen Akt ersetzen bzw. wichtiger werden als die körperliche Vereinigung.

Das Element **Wasser** (Krebs, Skorpion und Fische) lebt in einer Welt von Vorstellungen, Fantasien und Gefühlen. Manchmal mangelt es ihm an Durchsetzungskraft, dafür ist es von hohem Einfühlungsvermögen geprägt. Der Partner sollte anwesend sein, weniger als Person denn als gefühlvolles, zugewandtes Wesen. Die Bindung in einer Partnerschaft sind gemeinsame Träume und liebevolle Zuwendung. Sex ist für Wasserzeichen Ausdruck einer gefühlsmäßigen Übereinstimmung, niemals Selbstzweck.

Viereckgruppierung der Tierkreiszeichen

Der jährliche Sonnenlauf wird in vier Jahreszeiten eingeteilt. Die Jahreszeichen zeigen sich immer im gleichen Rhythmus. Die Jahreszeit bewegt sich, zeigt sich fest, stabilisiert sich, sie gleicht sich der folgenden Jahreszeit an. Genauso werden die Tierkreiszeichen eingeteilt.

Die **kardinalen** (aktiven) Zeichen (Widder, Krebs, Waage, Steinbock) ergreifen gerne selbst die Initiative und setzen sich konkrete Ziele.

Die **fixen** (beharrlichen) Zeichen (Stier, Löwe, Skorpion, Wassermann) können bei einer Sache bleiben und sind gute Organisatoren. Die **beweglichen** (reaktionsfreudigen) Zeichen (Zwillinge, Jungfrau, Schütze, Fische) sind anpassungsfähig und können rasch auf Veränderungen reagieren.

Männliche und weibliche Zeichen

Die Astrologie unterscheidet zudem auch noch nach männlichen und weiblichen Zeichen. Dies steht in gewisser Analogie zum Prinzip „Yin" und „Yang", von dem später noch im Kapitel zur Chinesischen Astrologie die Rede sein wird. Dieses älteste Gegensatzpaar hat somit auch in der Astrologie seinen Platz gefunden. Die Einteilung soll auf typisch männliche oder typisch weibliche Merkmale hinweisen.

Zu den **männlichen** Zeichen gehören die Feuer- und Luftzeichen, also Widder, Zwillinge, Löwe,

Waage, Schütze, Wassermann. Vertreter dieser Zeichen sollen zielstrebig und tatkräftig sein. Sie ergreifen gern die Initiative.

Zu den **weiblichen** Zeichen gehören die Erd- und Wasserzeichen, also Stier, Krebs, Jungfrau, Skorpion, Steinbock, Fische. Die Vertreter dieser Zeichen sind eher passiv und zeichnen sich durch ihr zögerliches Handeln aus. Sie sollen sehr friedliebende Menschen sein.

Außerdem werden die Zeichen noch von Planeten beherrscht, die teilweise ebenfalls als männlich oder weiblich bezeichnet werden. So ist eine Waage-Frau vom biologischen Geschlecht her weiblich, dem Zeichen nach männlich, doch der beherrschende Planet Venus ist wiederum weiblich.

Zusammenfassung:

Fasst man die vorher genannten Eigenschaften und Zuordnung für die einzelnen Tierkreiszeichen zusammen, so ergibt sich folgende Aufstellung:

Widder: Feuer, beweglich, männlich

Stier: Erde, fest, weiblich

Zwillinge: Luft, angleichend, männlich

Krebs: Wasser, beweglich, weiblich

Löwe: Feuer, fest, männlich

Jungfrau: Erde, angleichend, weiblich

Waage: Luft, beweglich, männlich

Skorpion: Wasser, fest, weiblich

Schütze: Feuer, angleichend, männlich

Steinbock: Erde, beweglich, weiblich

Wassermann: Luft, fest, männlich

Fische: Wasser, angleichend, weiblich.

Berücksichtigt man alle Faktoren, die zur Zeit der Geburt einen Einfluss ausüben können – Planeten, Häuser, Achsen, bestimmte Punkte – dann erhält man eine bildliche Darstellung, die man Horoskop nennt. Ein Horoskop kann Auskunft geben über die natürlichen Anlagen, Fähigkeiten und Talente eines Menschen; es kann jedoch nichts darüber sagen, was diese Person daraus macht. Die Symbole eines Horoskops sind wie die Gene eines Menschen: Sie beeinflussen ihn, aber welches Gen wofür zuständig ist, ist nicht leicht zu sagen. Der Mensch wird auch nicht nur durch seine Gene geformt, sondern auch durch Erziehung, Umwelt, Karma – und den eigenen Willen. In diesem Sinn ist Astrologie keine Zukunftsdeutung eines vorgezeichneten Schicksals, sondern der Hinweis auf das Potential eines Menschen und ein Appell an das Verantwortungsgefühl eines jeden, mit den eigenen Ressourcen vernünftig umzugehen und sie zum Wohle der Menschheit einzusetzen.

Warum die Astrologie so beliebt ist

Nur im Abendland gibt es eine derart scharfe Abgrenzung zwischen der Wissenschaft, die uns die Welt erklärt, und der Religion, die uns das Leben erklärt. Die Wissenschaft zeigt, wie die Dinge funktionieren, aber sie sagt uns nichts darüber, warum das so ist und welchen Sinn unser Leben hat. Die Religion erklärt nichts, kann aber dem Leben des Einzelnen Sinn und Inhalt verleihen. Eine Berührung zwischen beiden scheint es nicht zu geben. Doch gerade da kommt die Astrologie ins Spiel. Von der Wissenschaft hat sie die Exaktheit der Berechnungen, die Komplexität der Formeln und die Ableitbarkeit komplexer Sachverhalte aus ihren Symbolen. Von der Religion hat sie die Fähigkeit, dem Einzelnen sein Leben in größerem Maßstab, sozusagen unter dem Aspekt der Ewigkeit, zu zeigen. Selbst Kritiker der Astrologie müssen zugeben, dass unser Leben in einer Form bereichert, wie es die rationalen Wissenschaften niemals können. Die Astrologie stillt die Sehnsucht des Menschen nach etwas Mythischem, Spirituellem, über den Alltag Hinausgehendem. Und darum brauchen wir sie.

♐ SAGITTARIUS.

Der Schütze

Der Schütze als Mythos

Der Schütze ist der Mythos des Glaubens. Des Glaubens in des Wortes weitestem Sinn und in seiner tiefsten Bedeutung.

Dieses Zeichen gilt nach der Lehre der Astrologie als feurig, beweglich und doppelkörpelich. In der griechischen Mythologie entspricht ihm der Zentaur, jenes Doppelwesen aus Pferd und Mensch. Das Sternbild am Himmel ist Chiron, der berühmteste der Zentauren, dem Jupiter durch die Versetzung ans Firmament unsterbliche Ehren zukommen lassen wollte. Er ist ein Halbbruder des Jupiter und wie dieser ebenfalls ein Sohn des Saturn. Seine Mutter ist eine Nymphe. Als der Titan Saturn (griechisch Kronos) bei dieser Nymphe lag, überraschte sie Rhea, die rechtmäßige Gattin des Saturn und Mutter des künftigen, von Jupiter (Zeus) geführten Göttergeschlechts. Darauf entfloh Saturn in Gestalt eines Hengstes. Die Nymphe aber gebar einen Sohn, dessen Unterleib der eines Hengstes, dessen Oberkörper aber der eines Menschen war. Sie grämte sich sehr darüber, ein solches Zwitterwesen geboren zu haben, und bat die Götter daraufhin, sie in eine Linde zu verwandeln.

Doch in einer Höhle verborgen wuchs der Zentaur heran, und zwar als ein Muster von Geschicklichkeit und Weisheit. Er zog mit Diana (Artemis) jagend durch die Wälder und entwickelte sich so zu einem großen Kenner aller Kräuter und Heilpflanzen.

Er erwies sich mehr und mehr auch als Gelehrter und Prophet, und sein Ruf wuchs so sehr, dass bald nicht nur die Menschen, sondern auch die Götter ihre Söhne zu ihm in die Lehre schickten. So wurde er schließlich zum König der Zentauren berufen.

Ein anderer Zweig des Mythos berichtet uns von einem Zentaurengeschlecht, das im Olymp lebte – Söhne der Wolkengöttin Nephele. Sie standen unter den Befehl von Bacchus (Dionysos). Es waren triebstarke Wesen, kampflustig und begeistert vom Rauschgetränk der Götter, dem Nektar, und vom Ambrosia. Sehr wichtig war ihre Beteiligung bei der Einweihung in die dinoysischen Mysterien.

Im Schützen, also dem Zentauren, begegnen wir einer merkwürdigen, aber zutiefst archtetypischen (urbildhaften) Vereinigung von Kampf- und Bewegungslust („Sport") und Religion, von Freiheit und Bindung, von Begeisterung und Frömmigkeit.

Der Leitspruch des Turnvaters Jahn zeugt von tiefem Wissen um diese mythischen Zusammenhänge: „Frisch, fromm, fröhlich und frei" hat der rechte Sportler zu sein – wie der archetypische Schütze.

Man sieht also, dass in diesem Urprinzip manch scheinbar widersprüchliche und a-logische Verknüpfungen hergestellt sind. Sie lassen sich zwar (psycho-)analytisch begründen, erschließen sich aber viel rascher dem Gefühl als dem Verstand.

Im Zeichen des Glaubens vereinigt sich Freiheit mit Frömmigkeit. Das weist uns auf ein Grundproblem der Philosophie. Wir sehen, dass wir im Zeichen des Schützen bald in den Sphären der „Liebe zur Weisheit" (Philosophia) gelangen. Hier sei zu diesem Problem nur so viel gesagt, dass die religiöse Grundbefindlichkeit des Schützen eine „Freiheit zu etwas", nicht eine „Freiheit von etwas" bedeutet. Er ist frei zur Bindung und sogar erst in dieser wahrhaft frei.

Der Schütze ist ein fröhliches Prinzip. Auch diese Fröhlichkeit entspringt seiner Glaubenskraft. Sie ist die Fröhlichkeit dessen, der auf Gott vertraut und sich in ihm aufgehoben weiß.

Die frische Bewegungslust dieses Zeichens ist der adäquate Ausdruck der fröhlichen Kraft. Bewegliche Feuer der Begeisterung – das ist es, was der wahre Sportler braucht. So ist auch der Läufer, der das olympische Feuer in die fernsten Länder bringt, ein archetypisches Schütze-Bild. Dieses Zeichen trägt in sich eine Sehnsucht nach Weite und Ferne. Es ist ein Prinzip, das alles überblicken will, dessen Schau sich nicht einengen lässt. Es ist das Prinzip der Raumausfüllung und Raumeroberung. Unter diesem Raum kann sowohl der äußere, sichtbare verstanden werden, als auch der innere, geistige. Der große Schütze-Dichter Rainer Maria Rilke hat das Wort „Weltinnenraum" geprägt. Dieser Begriff suggeriert uns weder die düsteren Abgründe etwa der Skorpion-Seele noch die sanfte, private Verinnerlichung, wie wir sie zum Beispiel im Zeichen des Krebses finden; Weltinnenraum – das ist wohl so etwas wie das weite Land der Seele: Kontinente des Geistes, die es zu entdecken gilt.

Schütze – das ist die weite Fahrt, ob in den Weltaußenraum oder in den Weltinnenraum. Wir verstehen dieses Prinzip noch besser, wenn wir es mit seinen Gegen- und Nachbarprinzipien vergleichen.

Sein Antipode ist das Prinzip der Zwillinge. Doppelkörpelich wie der Schütze, meint dieses Prinzip Aufsplitterung, Spaltung, Analyse bis in die kleinsten Bestandteile. Das dialektisch-logische Prinzip der Zwillinge findet im rein Verstandesmäßigen seine Befriedigung. Der Schütze aber strebt nach Zusammenfassung des Kleinsten, nach Zusammenschau der Widersprüche. Er ist das Prinzip der Synthese. Kleinigkeiten kümmern ihn nicht. Er kann auch einmal „Fünfe grad' sein lassen", denn es geht ihm um das Wesentliche.

Es war wieder Rilke, der in seinem Gedicht „Arachaischer Torso Apolls" eine Zeile schrieb, die in genialer Weise die paradoxe Wahrheit des Schütze-Prinzips formuliert. Beim Betrachten der Statue steigt in ihm ein Gedanke auf, den er folgendermaßen wiedergibt: „Denn da ist keine Stelle, die dich nicht sieht". In dieser Umkehrung der banalen Feststellung: „... die du nicht siehst" stellt sich die ganze Weltsicht des Schützen in unnachahmlicher Prägnanz dar.

Wir wollen hier nur so viel zu beschreiben versuchen, als aus der astrologischen Lehre für das tiefere Verständnis des Wesens des Archetypus

Schütze zu erfahren ist. – Als „veränderliches" Zeichen erlebt dieses Prinzip die Äußerungen seiner Umwelt in intensiver Weise. Es ist in höchstem Grade beeinflussbar und beeindruckbar. Am stärksten nimmt der Schütze die Macht- und Willensstrebungen der Welt wahr, denn sein Zeichen ist ein Feuerzeichen.

Der Widder ist der Wille selbst, unbekümmert um die Außenwelt, rücksichtslos erobernd. Der Löwe verkörpert die ruhende Macht des souveränen Herrschertums.

Der Schütze aber wird vom fremden Willen bewegt, er wird vom Feuer ergriffen und dadurch erst sekundär selbst zum Feuer. Daraus kann im positiven Sinne Frömmigkeit, Ergebenheit in den Willen Gottes und Begeisterung für das Edle und Gute entstehen. Im negativen Sinne allerdings kann es zu einer Unterordnung kommen. Das Schütze-Prinzip ist das Antlitz, welches das Auge Gottes auf sich ruhen fühlt. Es will selbst so weit schauen, um einmal auch dieses göttlichen Antlitzes ansichtig zu werden. Daher seine Sehnsucht nach Weite. Sein Bewegungsdrang entspricht zweierlei Wurzeln. Einmal der Motorik des Feurigen, dem es verpflichtet ist, zum anderen diesem Drang nach Weite, dem Willen, ein immer höher und weiter gestecktes Ziel zu erreichen.

Der „Bogenschütze" im Zen-Buddhismus trifft sein Ziel nicht durch Verstand und technisches Anvisieren eines Punktes, sondern durch zusammenfassende, meditative Aufnahme des Zieles als solches. Nicht das Vereinzelte, Akkurate ist

Gegenstand seiner Betrachtung, sondern das Große, das All, die Gottheit. Er trifft das Kleine mit exaktester Präzision, weil er das Wesen der Gesamtheit erfasst hat. Dies ist es auch, worum es im Zeichen des Schützen geht.

Der Schütze und sein beherrschender Planet

Es ist Jupiter, der Oberste der olympischen Götter, den die Astrologie als den Herrscher im Schütze-Prinzip ansieht. Wie dieses ist auch jener ein Archetypus der Weite und Großzügigkeit. Seiner hohen Würde geziemt Anbetung, Glaube und Frömmigkeit.

Der Planet, der seinen Namen trägt, ist der größte von allen Wandelsternen. Sein Durchmesser ist rund zwölfmal so groß wie der Erddurchmesser. Für eine Umkreisung der Sonne braucht er annähernd zwölf Erdenjahre, sodass er auch von der Erde aus gesehen immer ein Jahr in einem Zeichen steht. Er besitzt auch zwölf von der Erde aus (durch's Fernrohr) sichtbare Monde. Man sieht, dass Jupiter geradezu einen Konkurrenten der Sonne darstellt. Tatsächlich müsste er nach den Gesetzen der Physik nur etwas mehr an Masse besitzen, um zu einem selbst Licht ausstrahlenden Körper, also zu einer kleinen Sonne zu werden.

Dieser wahrhaft königliche Planet, bei dem, wie bereits erwähnt, die heilige Zahl Zwölf eine so bedeutsame Rolle spielt, bietet aus der Nähe durch Raumsonden fotografiert einen überwältigenden Anblick für das menschliche Auge. Er zeigt eine Kombination von Gaswirbeln, riesigen Sturmsystemen, in allen Farben schimmernden Bändern, die alle Meisterwerke der abstrakten Malkunst in den Schatten stellen.

Der Jupiter gilt nach astrologischer Lehre als „Wohltäter". Er wirkt von der Erde aus betrachtet ähnlich wie Venus, mit der er von Unkundigen auch immer wieder verwechselt wird. Sein ebenso freundliches, weiß-goldenes Licht ist nicht ganz so intensiv wie das der Venus, doch er ist nach dieser der hellste aller Wandelsterne.

Im Gegensatz zur Venus weist er gegenüber der Erde keine Phasenerscheinungen auf. Das hat seine Ursache darin, dass er weit außerhalb der Erde seine Bahn um die Sonne zieht. Er kann deshalb auch zu jeder beliebigen Zeit der Nacht sichtbar sein, allerdings jeweils in bestimmten Zeiten des Jahres. Am strahlendsten erscheint er uns zur Zeit seiner Opposition, wenn die Erde zwischen ihm und der Sonne steht. Diese Oppositionen finden alljährlich statt, immer im Folgejahr in einem Folgezeichen, sodass diese Oppositionen einmal in zwölf Jahren den Tierkreis umrunden.

Durch seine weite Entfernung von der Erde sind aber die scheinbaren Helligkeitsschwankungen des Jupiters nicht so sehr ausgeprägt, sodass er uns kein so unruhiges Bild bietet wie etwa Mars.

Jupiter (Zeus) gehört in der griechischen Mythologie dem dritten Göttergeschlecht an. Von den Ureltern Uranos und Gaia stammen die Titanen ab, die über die Menschen der Vorzeit regierten. Ihr Herr war Kronos (Saturn), streng und gerecht, karg, aber zuverlässig. Dieser Saturn verschlang, aus Furcht entmachtet zu werden, seine Kinder. Doch es nützte ihm nichts. Sein jüngstes Kind, eben Zeus-Jupiter, entging diesem Schicksal durch eine List seiner Mutter (und Tante, denn die Gemahlin Saturns war auch dessen Schwester) Rhea. Diese gab ihrem kinderverschlingenden Gatten an Zeus' Stelle einen in eine Ziegenfell gewickelten Stein zum Mahl, nachdem sie den kleinen Zeus in Sicherheit gebracht hatte.

Dieser wächst inzwischen auf der Insel Kreta heran, umsorgt von der Ziegennymphe Amaltheia, zusammen mit deren leiblichem Sohn, dem bocksfüßigen Pan. Als Jupiter herangewachsen ist, macht er sich auf, seine Geschwister aus dem Bauch ihres Vaters zu befreien. Mit Hilfe seiner Mutter Rhea und der Titanin Metis gelingt es ihm, den grausamen Vater zum Erbrechen zu zwingen und seine verschlungenen Kinder wieder von sich zu geben. Eines von ihnen ist Hera, die er später zur Frau nimmt.

Nun befreit Zeus die Zyklopen, die Kronos-Saturn in den Tartaros verbannt hat. Diese schenken ihm dafür aus Dankbarkeit den berühmten Blitz, mit dem Zeus zunächst einmal seinen Vater zu Boden schmettert. Somit ist Kronos entmachtet, der Vater muss dem Sohn weichen; doch dieser ist gütig und großzügig: Er trägt dem Alten nicht nach, dass der ihn verspeisen wollte, sondern verbannt ihn bloß nach Latium, wo er sich noch als weiser und friedlicher Regent bewährt (die andere Seite des Saturn-Prinzips: Erfahrung und Weisheit). Die Hochzeitsnacht mit Hera währt 300 Jahre – ein wahrhaft „großes Glück"! Aus Jupiters Lenden stammt eine Unzahl von Göttern und Halbgöttern. Er findet mit seiner Gemahlin keineswegs ein harmonisches Auskommen, sondern stellt allem nach, was einen Rock trägt, ja selbst der schöne Knabe Ganymed ist nicht vor ihm sicher.

Die Götter und Göttinnen, über die er vom Olymp aus gebietet, sind zum größten Teil seine eigenen Kinder. Er denkt nicht im Traum ans Verspeisen, denn er ist die Großzügigkeit in Person. Der Ausdruck „jovial" meint genau das, was das Wesen des Jupiter-Prinzips ist. Jupiter ist gütig, großmütig und tolerant. Er ist die Fülle an sich. Es ist auch unmöglich, die Fülle der Sagen wiederzugeben, in denen er eine Rolle spielt. Als Göttervater hat er fast überall die Hand mit im Spiel.

Für seine erotischen Abenteuer schlüpft er in die verschiedensten Gestalten. Am bekanntesten ist die Geschichte mit Leda, der er sich als Schwan naht, oder von Europa, die er als Stier entführt.

Jupiter begibt sich gerne unter die Leute. So steigt er eines Tages in die Welt herab, und veranstaltet einen Ringkampf mit seinem Sohn Herakles, den er mit der Sterblichen Alkmene gezeugt hat. Der Kampf endet unentschieden. Doch kein Groll bei Jupiter. Unter dem Jubel aller gibt er sich zu erkennen und die ersten Olympischen Spiele sind ins Leben gerufen. In Olympia stand auch die herrliche Statue dieses Gottes, die als Weltwunder galt. Sie war ganz und gar aus Gold, Elfenbein und Edelsteinen gefertigt.

Doch dem Göttervater mangelt es bei aller Jovialität keineswegs an Strenge, wo seine Autorität sie notwendig macht. Er ist ein Freund des Menschengeschlechts, aber er achtet auch sehr darauf, dass dieses sich nicht überhebe. So trifft seine unerbittliche Strafe den Prometheus, den revolutionären Anwalt des technischen Fortschritts der Menschen. Als diese ihn durch ihr eigenes Machtstreben auszustechen trachten und Prometheus ihn sogar zugunsten der Sterblichen täuscht und betrügt, ist es mit seinem Langmut vorbei.

Er lässt den Prometheus an einen Felsen schmieden, wo ihm ein Adler allmählich die Leber (ein dem Jupiter unterstehendes Organ) wegfrisst, die stets wieder nachwächst. Dies ist ein Symbol dafür, dass die schranklose Entwicklung der Menschen zu einer Störung des Gleichgewichtes der Natur führt, dass ungezügelter technischer Fortschritt die Menschen selbst ins Verderben führt und dass Autoritäten und Hierarchien für eine gedeihende Entwicklung notwendig sind.

So ist Jupiter auch der Wahrer von Recht und Ordnung. Unerbittlich trifft sein Blitzstrahl den Frevler, der es wagt, des göttlichen Bauplans zu spotten.

Freilich, selbst die Welt Jupiters ist keine heile mehr, und bekanntlich geht es unter seiner Regentschaft nicht selten drunter und drüber. Doch solange seine Autorität anerkannt wird, ist es für Götter und Menschen noch nicht zu spät.

So bezeichnet auch in der Astrologie sein Prinzip den moralischen Kern des Menschen. In seiner günstigen Erscheinungsform schenkt er Glück und Erfolg in Fülle und bewahrt dennoch in allem noch das erträgliche Maß. Doch er kann sich bisweilen auch ungünstig auswirken. Dann ist er ein Symbol dafür, dass ein Gleichgewicht gestört ist, dass „des Guten zu viel" getan wurde. Er kann nicht nur für üppiges Wachstum des Guten, sondern auch für böse Wucherungen stehen, dies jedoch nur, wenn zugleich auch irgendein „Übeltäter" mit im Spiel ist.

Jupiter zeigt nicht nur an, wo der Mensch mit sich und der Umwelt im Reinen ist, sondern auch, wo er vermessen, großsprecherisch, prahlerisch und überheblich ist. Ein intaktes Jupiter-Prinzip ist ein heiliges, ein gestörtes ist ein scheinheiliges.

So zeigt sich, dass auch dieser wohltätige Archetypus nicht für sich selbst regieren kann, sondern dass ihm andere Kräfte beigestellt sein müssen, die ihn an einer Ausartung hindern.

Auch dieses Prinzip braucht Gegenprinzipien, die dafür sorgen, dass „die Bäume nicht in den Himmel wachsen". Sonst entartet nämlich selbst die weise Gerechtigkeit und Ordnung zum anrüchigen „Lawand-Order"-Prinzip.

Denn in der Astrologie haben nicht nur der Glaube (Jupiter) und andererseits der Zweifel (Gegenspieler Merkur) ihren Platz, sondern auch Zurücknahme (Saturn), nicht nur Konservatives, sondern auch Revolutionäres (Uranus). Wäre dem nicht so, müsste selbst die edelste Herrscherwürde zum bloßen Popanz werden.

1 4 8 4

„Rotkäppchen und der Wolf“ erzählt von einem Schützen

Es war einmal ein kleines Mädchen, das hieß Rotkäppchen und wollte seine Großmutter besuchen, um ihr neue Tennisschläger zu bringen. Auf dem Weg zum Wochenendhaus ihrer Oma hielt plötzlich auf der staubigen Straße ein schnittiger roter Porsche. Ein braun gebrannter junger Mann in Shorts und Jogging-Schuhen mit einem roten Schweißband um die Stirn beugte sich aus dem offenen Wagen und sagte: „Na, Kleine, willste mitfahren?“

Rotkäppchen gefiel dieses forsche Renommieren, und begeistert hüpfte sie in den Sitz neben dem schneidigen Jüngling, der mit einem Affenzahn davonbrauste, kaum dass ihre Füße im Volant verstaut waren.

„Was ist denn das für ‘ne heiße Kiste?“ fragte Rotkäppchen interessiert. „Ach das“, sagte der sportliche Typ neben ihr, halb entschuldigend, „das ist nur mein Zweitwagen. Meinen Lamborghini habe ich in Nizza gelassen, dort brauche ich ihn öfter“.

„Und was machst du hier?“ fragte das neugierige Mädchen weiter. „Ich bin Vertreter für Sportartikel und ziemlich erfolgreich dazu.“ „Wie machst du denn das?“ „Ein bisschen Überzeugungskraft, Schwung und gute Laune, das reicht meistens.“ „Echt?“ „Na ja, nicht ganz. Weißt du, vor einem Verkaufsgespräch meditiere ich. Ich habe nämlich transzedentale Meditation gelernt, damals in

Berkeley ... oder war’s in Patanjali? Jedenfalls, die Methode ist gut, aber die Leute haben mich genervt. Lauter Möchtegernheilige, die nur ‘rumhocken und nichts tun. Nicht mein Stil.“

Inzwischen steuerte der Sportsmann zielstrebig auf einen kleinen Hang mit lauter schnittigen Jachten zu. „Hier Kleine“ sagte er, „das ist mein Sonntagskreuzer. Wie wär’s mit einem kleinen Ausflug in die Karibik?“ „Oh ja!“ rief Rotkäppchen sofort voller Begeisterung, doch fügte dann auch gleich schuldbewusst hinzu: „Aber eigentlich muss ich meiner Oma ...“

„Kein Problem“, fiel ihr der Sportartikelvertreter ins Wort, „die nehmen wir mit“. „Aber die wohnt weit draußen, in der Vorstadt.“ „Na und? Ich schicke ihr meinen Privathubschrauber, und in Nullkommanix sind wir komplett!“

So etwa könnte ein Schütze das bekannte Märchen erzählen. Jedenfalls finden wir einige typische Merkmale.

Alles dreht sich um Sport. Der junge Mann fährt einen sportlichen Wagen, verdient sich den Lebensunterhalt mit Sportartikeln und treibt auch in der Freizeit Sport, natürlich solchen, der seinem großzügigen Lebensstil angemessen ist. Die Personen des Märchens sind zueinander direkt, offen und unkompliziert. Sie lassen sich schnell begeistern und kennen keine Hindernisse, wenn es gilt, etwas zu erreichen. Ungezügelter Optimismus im Verein mit unbegrenzten Hilfsmitteln schafft alles.

Durch die Begeisterungsfähigkeit sind Schützen gute Redner und damit auch Verkäufer. Und ein Interesse an Religion ist auch oft vorhanden. Aber nicht die Details interessieren, sondern die großen Zusammenhänge. Das gilt auch für Reisen und Wohnorte: die ganze Welt ist des Schützen Heimat.

Auf den folgenden Seiten erfahren Sie noch mehr über dieses Zeichen!

Der Schütze und sein Charakter

Gemäß der „Doppelkörperlichkeit“ dieses Zeichens finden wir unter ihnen zwei typische, stark kontrastierende körperliche Erscheinungsformen: zum Ersten den hochaufgeschossenen, langschädligen, schlanken, ein wenig nervösen Typen, zum anderen den eher kleinen, rundlichen, aber ebenfalls sehr nervös-anregbaren Typ, wie ihn etwa Churchill verkörperte.

Der hochaufgeschossene Typus zeichnet sich durch eine gewisse Schlaksichkeit aus, die einer eigentümlichen Grazie nicht entbehrt. Weit ausholende Armbewegungen, umfassende Gesten, die durch die Körpergröße dieses Typus manchmal ein wenig grotesk wirken, sind das Kennzeichen dieses schlanken Schützen.

Der untersetzte (pyknische) Schütze-Typ hat in seiner Beweglichkeit etwas Abgerundetes, seine Gestik ist freundlich und entgegenkommend.

Schützen wirken fast nie abweisend, sondern häufig sogar ausgesprochen extrovertiert und aufgeschlossen. Bei manchen beobachten wir, wenn sie zur Tür hereintreten, den „Hoppla – jetzt komm ich!“-Effekt. Fast immer strahlt der Schütze eine gehörige Portion Optimismus aus.

Doch auch der selbstbewusste Schütze hat nichts vom Stürmischen des Widders oder vom Majestätischen des Löwen an sich. Er ist zwar wie diese Zeichen ein Feuer-, also ein Willenszeichen, doch er strahlt diesen Willen nicht aus, sondern lässt sich von ihm ergreifen.

Wenn man diese Menschen näher kennt, wirken sie wie von einem starken inneren Feuer erfasst, begeistert mehr als begeisternd. Dem beweglichen Prinzip angehörig, sind sie im Grunde jedoch labile Menschen, deren Willen ein unsteter, flackernder ist.

Sehr charakteristisch für diesen Menschen ist seine Offenheit. Er platzt mit der Wahrheit heraus, egal, ob diese Wahrheit für die Umgebung angenehm oder unangenehm ist. Er ist der Typ, dem oft etwas herausrutscht, worauf er erröten muss, weil es eine peinliche Wirkung hervorbringt; es kann aber auch Gelächter erregen.

Der Schütze kann sich also leicht blamieren, kann aber auch blendend eine Gesellschaft unterhalten. Wenn er diese Eigenschaft fördert, kann er sich zum Spaßmacher entwickeln.

Wenn einem der Schütze offen etwas Unangenehmes sagt, so tut er dies keineswegs aus Bosheit, sondern es passiert ihm einfach, oder er meint es wirklich gut. Er braucht aus seinem Herzen keine Mördergrube zu machen, denn sein Charakter ist reine und lautere Offenheit. Aus diesem Geöffnetsein platzt er mit Beleidigungen ebenso heraus wie mit Komplimenten, der selben Person gegenüber, im Handumdrehen.

Seine Großzügigkeit übertrifft fast noch die des Löwen. Es ist eine Freigiebigkeit, die hart an den

Rand naiven Leichtsinns gerät. Es ist auch nicht herablassendes Gönnertum oder stolzer Großmut, was ihn zum Wohltäter macht, sondern reine Begeisterung, die Lust an der Üppigkeit. Allen soll es gut gehen, denn auch er fühlt sich viel öfter hochgestimmt als andere Menschen.

Man kann sich einen extremen und dabei noch veräußerlichten Schützen etwa so vorstellen: Er sitzt am Roulettetisch, wirft der Bank Berge von Geld in den Rachen, hat auf jedem Knie ein reizvolles Frauenzimmer sitzen und lässt den Champagner in Strömen fließen. Er lächelt dabei selig vor sich hin und hat dabei ganz vergessen, dass daheim schon der Gerichtsvollzieher wartet.

Optimismus verbindet sich bei ihm nicht nur mit Großzügigkeit, sondern mit geradezu unglaublicher Menschenliebe. Er ist ganz und gar darauf angelegt, an das Gute im Menschen zu glauben.

Der mehr verinnerlichte Typ kann sich mit großer Begeisterung einem großen, humanen Ideal verschreiben. Er ist aber kein Kämpfertyp. Ja nicht einmal das Geistige gebraucht er als Waffe, sondern eher als Leitbild, als Mittel zur Überzeugung.

Die Begeisterung des Schützen ist allerdings von einer Schwäche gekennzeichnet: er neigt zu Strohfeuern. Rasch entflammt, verliert er bald den Schwung, wenn er auf härtere Widerstände stößt.

Auch lockt ihn immer das Fernerliegende. Hat er etwas einmal näher ins Auge gefasst, verliert es für ihn seinen Reiz. Er braucht den weiten Überblick, die Schau des Gesamten, mit Einzelheiten hält er sich ungern auf.

Wir finden unter diesem Zeichen die reiselustigsten Menschen. Oft schon früh zieht es sie in die weite Welt und sie behalten das Fernweh bis ins hohe Alter. Es zieht sie immer in andere, neue Länder. Mühelos können sie sich fremden Gewohnheiten und Sitten anpassen; sie finden sich auch in der ungewohntesten Umgebung schnell zurecht, ja sie verlangen geradezu nach dauernder Umstellung.

Auch in seiner Wohnung wird selten ein Einrichtungsstück lange an seinem Platz bleiben. Er stellt um und wechselt aus. Natürlich wechselt er auch oft seinen Wohnsitz. Überhaupt, er zieht gerne um; wenn es geht, sogar nach Übersee.

Sein Prinzip heißt Raumeroberung. Das kann auch nach innen hin stattfinden. Sollte er nach außen hin sesshaft erscheinen, so kann man sicher sein, dass er eine Bibliothek voll von Reiseberichten, Abenteuerromanen und Bildbänden von fernen Ländern hat. Er geht eben darin auf Reisen und erschließt sich die nötige Weite in der Phantasie.

Der Schütze verzeiht fast alles und trägt nichts nach. Man kann ihn mit den unglaublichsten Grobheiten konfrontieren und dennoch nie Rachegefühle in ihm wecken. Ein Tyrann kann den Schützen leicht einschüchtern, ihn aber kaum neurotisieren. Denn im Grunde braucht dieses Zeichen die Begeisterung für fremden Willen.

Sehr ätherische Vertreter dieses Zeichens wirken ungeheuer behutsam, sind grenzenlos rücksichtsvoll, und verbreiten dabei doch eine geradezu sakrale Aura, sodass man keineswegs mit ihnen herumspringen möchte. In gewisser Hinsicht aber braucht gerade dieser Typus einen harten, starken Charakter, an dem er wachsen kann.

„Ich leben mein Leben in wachsenden Ringen", so dichtete der ätherische Schütze Rainer Maria Rilke und formulierte auch damit ein wunderbares Gleichnis für das Lebensgefühl seines Zeichens.

Die Jahresringe des Baumes werden von Mal zu Mal umfangreicher, streben ins immer Größere. „Ich werden den Letzten nicht mehr vollbringen, aber versuchen will ich ihn." Der Schütze gelangt nie ans Ende. Je mehr er erkannt und vollbracht hat, desto unstillbarer wird seine Sehnsucht.

Auf prosaischer Ebene kann man solche Menschen mit Werbesprüchen wie dem von „Duft der großen weiten Welt" verlocken.

Wen es an tieferen Werten mangelt, der kauft sich ein Auto nach dem anderen, und jedes Mal ein schnelleres.

Dem Schützen ist nicht am materiellen Wert gelegen, sondern an der Möglichkeit, den Rausch der Freiheit und Unbegrenztheit zu genießen. Konsumation kann bei ihm zum Surrogat werden.

Wenn er Kaufwut entwickelt, dann nicht aus dem Streben nach Anreicherung, sondern aus dem

Bedürfnis nach immer neuen Erlebnissen. Wie die Zentauren sich am olympischen Göttergetränk berauschten, so berauscht sich auch der Schütze an allen möglichen Dingen.

Und das können nur Konsumartikel, sportliche Rekorde, geistige Ideale oder mächtige Menschen sein. Was bei ihm zählt, ist die Begeisterung.

Das ist nun auch die Wurzel seiner Religiosität. Darunter ist keinesfalls immer Kirchenglaube zu verstehen. Seine Religiosität ist ein angeborenes Lebensgefühl, nichts Anerzogenes.

Sie ist im Grunde nichts anderes, als seine Begeisterung für das Hohe, für den Willen, der über ihm steht und dem er sich, wachsend, nähern möchte.

Es ist der Drang nach der Schau des Absoluten und das Verlangen nach einer Bindung in Freiheit, an das Letzte und Grenzenlose, nicht aber an das Naheliegende.

Die Frömmigkeit des Schützen ist die Ergebung in den Willen der höchsten Macht, fröhlich und zuversichtlich. Es ist eine durch und durch optimistische Frömmigkeit.

Viele Schützen sind Lebenskünstler. Sie verstehen es, aus allem das Beste zu machen, auch aus Mangelhaftem.

Sie sind anpassungsfähig und verstehen es dennoch, ihre Freiheit zu wahren.

Denn Freiheit bedeutet ihnen nicht Auflehnung und Revolte, sondern Großzügigkeit und Toleranz. Mit anderen auszukommen bedeutet ihnen mehr Selbstentfaltung als Beharren auf egoistischen Bestrebungen.

Schützen, die zurückhaltend wirken, sind kaum je wirklich reserviert oder gar verschlossen, sondern meist bloß schüchtern. Ganz anders etwa als Skorpione vermag man sie leicht aus der Reserve zu locken, wenn man ihnen nur eine mögliche anfängliche Angst nimmt.

Der Schütze ist auf den fremden Willen ausgerichtet. Aber er hat oft nicht die Neigung, selbst die Initiative zu ergreifen. Auch im Wesen der männlichsten Schützen ist bisweilen eine Art Koketterie.

Sie haben, wie Jupiter, einen starken Hang zum Schürzenjägertum, doch wie dieser verbergen sie sich lieber hinter irgendeiner Maske, wenn sie auf Eroberung ausgehen. Das hat nichts mit Falschheit zu tun.

Aber es steckt eine gewisse Scheu dahinter, allzu aggressiv zu sein; der Wille soll vielmehr von außen oder vom anderen kommen. Gerade in dieser subtilen Koketterie liegt der eigentümliche Charakter des Schützen.

Er ist nichts für Charaktere, die selbst labil und schüchtern sind, auch fühlt er sich von solchen eher irritiert oder unverstanden. Aber für Menschen, die wissen was sie wollen, und dem auch gehörigen Nachdruck verleihen können, ist der Schütze ein herrlicher Resonator. Er ist sozusagen „zerbrechlich, doch nicht zu zerbrechen“, wie dies einmal Erich Kästner formulierte.

Jeder Schütze trägt in sich ein Leitbild, das gleichsam die ideale Essenz seines Zeichens ist. Manche lassen im Wesen und in ihrer Erscheinung dieses Idealbild bald mehr, bald weniger durchschimmern, manche verkörpern es geradezu.

Von fast allen Schützen empfängt man schon bei der ersten Begegnung den Eindruck edler, herzlicher Menschlichkeit. Man merkt, dass sich diese Menschen aus innerer Neigung heraus allem anpassen, was dem Menschen frommt, was ein gedeihliches, frohes Zusammenleben ermöglicht und Streit und Enttäuschung fern hält.

Wir finden generöse, aristokratische Charakter mit blendenden Manieren ebenso wie den guten Kumpel, mit dem man „Pferde stehlen kann“.

Gemäß der Doppelkörperlichkeit ist der klassische Schütze sogar stets eine Verbindung von beidem, wie der Zentaur ein Doppelwesen aus edlem Tier und weisem Mensch ist. Man könnte ihn mit den Begriffen „edle Triebhaftigkeit“ und „begeisterte Weisheit“ zu beschreiben versuchen.

Alle Schattenseiten, die dieses Zeichen aufweisen kann, entspringen entweder einem diesen leitbildhaften Ansprüchen gegenüber, „Noch nicht genügen“ oder eben einem „Darüberhinausschießen“.

Die Schütze-hafte Frömmigkeit als Ergebung in einen höheren Willen, der Enthusiasmus für das Große und Erhabene kann bei bestimmten Voraussetzungen in Frömmelei ausarten.

Wenn dem Zug ins Weite beim Schützen das eigene Zentrum abhanden kommt, die innere Substanz in die Binsen geht, dann nimmt seine Bereitschaft zur Ergebung geradezu kriecherische Formen an. Auch bleibt er dann rituellen, äußeren Formen verhaftet.

Es kann dazu kommen, dass auf die Selbstbestimmung des Menschen völlig verzichtet wird, und alle Handlungen dem Willen einer Institution, oder bestimmten Regeln und Gebräuchen total angepasst werden. Dies wird auch öffentlich zur Schau gestellt und wortreich betont.

So ist der Bigotterie ein missionarischer Eifer beigesellt, der weniger von glühender Leidenschaft, als vom öfters erhobenen moralischen Zeigefinger seine Überzeugungskraft beziehen will.

Handelt es sich um eher weltliche Charaktere, so kommt es im negativen Fall zu Großsprechertum und Prahlerei im Hinblick auf Klugheit, Lebensstandard, Überlegenheit und dergleichen. Solche Menschen äußern gern demonstrativ ihre Verachtung für diejenigen, die sie als schwach, unfähig oder minderbemittelt ansehen.

Mit der dem Schützen allgemein eigenen Offenheit bekunden sie lautstark, wie dumm doch alle (außer ihnen) wären, dass die von ihnen bewunderten Menschen die besten und fähigsten überhaupt seien, usw.

Selten loben sie sich direkt selbst, denn es mangelt ihnen doch an der dazu notwendigen Unverfrorenheit. Sie stellen vielmehr Maßstäbe auf, an denen jeder indirekt erkennen möge, dass er, der Schütze, doch am besten über wahre Größe Bescheid weiß.

Ein weiterer negativer Fall tritt dann ein, wenn das starke Loyalitätsgefühl dieses Zeichens zu ängstlicher Sorge um seinen Ruf bei den Mitmenschen tendiert und zum allesbeherrschenden Motiv wird. Solche Menschen unternehmen nichts, was vielleicht von anderen scheel angesehen werden könnte. Einzige Richtschnur ihres Handelns wird die Frage, ob etwas ihrem Ruf schaden könne, und was „die Leute" dazu sagen würden. In der Praxis führt eine solche Haltung leicht zur Heuchelei.

Gerade der Schütze ist ja keineswegs ein Charakter, der sich gerne etwas versagt. Müsste er dieses aber, weil er ja andererseits auf Anerkennung durch die normierende Gesellschaft Wert legt, so kommt es dazu, dass er „Wasser predigt und Wein trinkt".

Je liberaler eine Gesellschaft ist, desto mehr kommt sie den Bedürfnissen des Schützenmenschen mit all seinen Schwächen und Stärken entgegen.

Oft kommt es dazu, dass Schützen ein Doppelleben führen. Nach außen hin untadelig und bieder, angesehene Bürger, gehen sie im Verborgenen ihren üppigen Gelüsten nach. Wie Jupiter schlüpfen sie gleichsam in die verschiedensten Gestalten, um überall naschen zu können, ohne dass dies ruchbar würde und am Ende gar seinem gestrengen Ehegatten zu Ohren käme.

Ähnlich wie auch der germanische Obergott Wotan, der gleichfalls Schütze-Charakter aufweist, tendiert der Schütze-Mensch fallweise zum Pantoffelhelden.

Das muss sich nicht nur auf zahlreiche Liebschaften beziehen. Es kann auch sein, dass der Schütze inkognito Spielhöllen oder sonstige merkwürdige Zirkel aufsucht, oder dass er mit gesellschaftlich gemiedenen Personen Umgang pflegt, sich dazu aber in der Öffentlichkeit nicht bekennt.

Doch solches Verhalten ist nur die allzumenschliche Kehrseite durchaus positiver Grundlagen. Es ist dem Schützen möglich, seinen Hang zum Doppelleben zu sublimieren. Er wird dann etwa sehr wohl in verschiedensten Sphären verkehren, dies nicht unbedingt ausposaunen, aber doch – etwa in der Sphäre von Kunst und Wissenschaft – auf einen Nenner bringen.

Charakteristisch dafür ist der bekannte Schütze-Schriftsteller Günter Wallraff. Er schlüpft wie Jupiter in die verschiedensten Gestalten, um gesellschaftliche Situationen aus der Sicht der Betroffenen kennen zu lernen und sie authentisch schildern zu können. Er tarnt sich, um sich dann wieder zu erkennen zu geben, und dies alles im

Dienst durchaus idealistischer und auch sozialkritischer Anliegen.

Ähnlich verfuhr auch der von hohem humanen Ethos geleitete Schriftsteller Stefan Zweig. Er hat es übrigens bei aller liberalen Offenheit auch immer vermieden, sein eigenes Privatleben – selbst in autobiographischen Werken – mehr als andeutungsweise zu erwähnen.

Viel mehr ins Bedenkliche rücken schon die Eskapaden von Johann Nestroy. „Was ich nicht weiß, macht mich nicht heiß", war sein Leitsatz, wenn es ihm darum ging, seinen Hang zu Amouren mit der Rücksichtnahme auf seine Lebensgefährtin in Einklang zu bringen.

Es gibt kaum einen Schütze-Menschen, der nur die Schwächen oder nur die Stärken seines Zeichens entwickelt hätte.

Es liegt sogar im Wesen dieses doppelgesichtigen Zeichens, dass in ihm höchste Moral mit Leichtsinnigkeit Hand in Hand gehen kann. Und nicht immer müssen diese beiden Sphären voneinander durch ein des Doppelleben getrennt sein.

Es kann sein, dass ein solcher Mensch als temperamentvoller Kämpfer für alle Freiheiten auftritt und dabei doch ebenso vehement für den gesellschaftlichen Konsens und Recht und Sitte eintritt.

Es geht ihm letztlich um die Herstellung einer großen, gütigen, dabei aber doch strengen Wertordnung, in der sich alles und jeder entfalten kann. Denn im Grunde ist er ja von dem Gefühl durchdrungen, dass alles a priori gut ist und man nur Beschränkung und Unterdrückung aufheben müsse, um diesem Guten zum Sieg verhelfen zu können.

Dieser hohe, bisweilen etwas weltfremde Anspruch führt natürlich oft zur Enttäuschung. Der Schütze wird dennoch kaum zu jenem Pessimisten, von dem man sagt, er sei „ein Optimist, der nachgedacht hat". Aber er kann leicht zum Verzweifelten werden.

Kaum ein Zeichen ist so der Gefahr ausgesetzt, mutlos und verzagt zu werden, wie dieses. Wenn er in seinen Ansprüchen übers Ziel hinausschießt, wenn sein Glaube an das Gute und Hohe enttäuscht wird, fällt der Schütze nur zu leicht der Resignation anheim.

Darum ist dieses Zeichen auch so selbstmordanfällig. Die Neigung zum Freitod hat bei ihm aber auch eine andere Wurzel. Sie hängt mit seiner Ungeduld und seiner Sehnsucht nach Weite zusammen. In eine bedrückte Situation gedrängt, an der Entfaltung gehindert, neigt er dazu, sich durch Gewaltakte der Befreiung Luft zu verschaffen. Und der Selbstmord kann als eine solche Möglichkeit zur Befreiung empfunden werden.

Im buddhistischen Sinne ist der Selbstmord nichts anderes, als ein Ausdruck höchster Lebensbejahung. Wer seinem Leben ein gewaltsames Ende setzt, wird in Bälde wieder geboren. Ein neuer Kreis der Erfahrung tut sich auf, die

Aufgabe muss in einer anderen Existenz bewältigt werden.

Es scheint, dass bei solchen Schützen eine Ahnung von diesen anderen Ufern, diesem Neuland besteht, das ihnen der Tod öffnet. So gesehen, geben sie ihren Optimismus tatsächlich in keinem Falle auf. Stefan Zweig schrieb in seinem Abschiedsbrief vor seinem Selbstmord: „Mögen sie" (die Weiterlebenden) „die künftige Morgenröte noch sehen. Ich allzu Ungeduldiger gehe ihnen voraus".

Nicht nur das Grundprinzip des Glaubens, sondern auch die der Hoffnung und Liebe finden im Schützen ihre reinste Verkörperung. Die Schwächen, die ihm fallweise anhaften, sind nur die Kehrseite oder Verbiegung dieser hohen moralisch-ethischen Ausrichtung.

Vielleicht kann man das, was den Kern des Schützen bei aller Ambivalenz ausmacht, vollkommen nur in der Musik empfinden, denn dieses Zeichen ist auch das musikalischste von allen. Sagt doch auch Luther, dass der Theologie die Tonkunst höchst verwandt sei.

In der Musik Ludwig van Beethovens, ebenfalls in diesem Zeichen geboren, finden wir diesen ständigen Drang, mit dem sich der Mensch von der Erde abhebt und nach den Sternen strebt: „per aspera ad astra" – durch Nacht und Licht!

Der Schütze im Beruf

Das starke Rechtsempfinden dieses Zeichens prädestiniert es in bestimmter Weise für juristische Berufe. Im Rahmen der Gesetze strebt der Schütze nach höchstmöglichen Entfaltungen des Einzelnen oder einer Idee.

Im klassischen Fall verbindet er eine großzügige, objektive Gesamtschau mit einem Sinn dafür, was der Ordnung und dem sozialen Zusammenleben zuträglich sei. Er wird sich dann vorzüglich zum Richter eignen. Meist aber wird er eher zur Sache der Verteidigung als zu der der Anklage tendieren.

Man findet also unter diesem Zeichen hervorragende, von hohem humanem Ethos geleitete Anwälte der Bedrängten, temperamentvolle Verteidiger, die mit großer Überzeugungskraft für den Angeklagten argumentieren.

Sie haben deshalb so großen Erfolg, weil sie eine geradezu sakrale Ausstrahlung haben. Sie vermitteln keinen zersetzenden, sondern einen integrierenden Eindruck. Sie können sich mit der Psychologie von Geschworenen identifizieren und ziehen diese klug und umsichtig auf die Seite der Entlastung und Milde.

Das Priesterliche dieses Zeichens bringt vielfach eine Neigung zum geistlichen Beruf mit sich. Doch in betont asketischen Religionen kommt es dabei auch zu Konflikten mit dem Liebesleben beziehungsweise der Begeisterung für weltliche Dinge, die im Gegensatz zur Religion stehen.

Vielfach springen solche Menschen, obwohl sie große Neigung zum geistlichen Stand empfinden, schon in der Zeit der Ausbildung ab, weil sie sich verliebt haben oder sich räumlich eingeengt fühlen. Es kann auch zu Heuchlertum führen, wenn sie sich einerseits den Vorschriften anpassen, andererseits aber doch nicht auf ihre Freiheiten verzichten wollen.

Dem reisefreudigen Schütze-Typus entspricht natürlich ein Beruf in der Touristik-Branche. Je mehr er selbst auf Reisen gehen muss, sich häufig im Ausland aufhält, mit Menschen aus fernen Ländern in Kontakt kommt, desto besser für ihn und seine Tätigkeit. Solche Schützen sind als Fernfahrer wie als Reisebetreuer, als Gesandte wie als Außenminister am richtigen Platz.

Schließlich gibt es noch die typischen Analogien des Jupiter und des Zentauren, welche Erfolg bei Beschäftigung mit ihnen versprechen. Schützen haben eine untergründige Affinität zu Pferden.

Wenn sie sich beruflich mit diesen edlen Tieren abzugeben haben, in welcher Weise auch immer, so wirkt sich dies für sie immer sehr förderlich aus. Sie sind der geborene Reiter, sei es als Jockey oder Kunstreiter, oder auch bei Berufen der Polizei.

Früher, als die Kavallerie beim Militär noch eine große Rolle spielte, brachte das Schützezeichen jene typischen, langschädligen, meist adligen Kavallerie-Offiziere hervor, die sich durch aristokratischen Charme und blendende Manieren auszeichneten („Kavaliere").

Eine andere, nicht auf den ersten Blick als solche zu erkennende Jupiteranalogie ist die zum Holz. Erinnern wir uns aber, was wir im Kapitel „Charakter" über die „wachsenden" Ringe bemerkt haben, in denen der Schütze sein Leben lebt.

Die Tradition, die das Jupiter-Prinzip in Beziehung zum Holz setzt, ist wohlbegründet.

Dieses Material vereinigt Leben mit Festigkeit, so wie der Schütze Freiheit mit Ordnung. Es kann an Stelle von Metall oder Mauerwerk verwendet werden, da es aber ein lebendiges, fast „menschenfreundliches" Material ist, fühlen wir uns, von ihm umgeben, viel wohler und geborgener, als in der Atmosphäre von Mars- und Saturnhaftem wie Stahl und Stein.

Jupiter ist auch das Prinzip der Aneignung von anorganischen Substanzen durch das Organische, Lebendige. „Auf Holz klopfen" ist noch heute ein „abergläubischer" Brauch, wenn man sagen möchte: „unberufen", also sich nicht vermessen und den Zorn der Götter heraufbeschwören will.

Das Jupiter-Metall wird also besonders dem Schütze-Menschen Glück bringen, weil es seinem archetypischen Regenten angehört. Darauf sollte man besonders bei der Entscheidung für ein Handwerk oder Gewerbe Bedacht nehmen.

Es bietet sich der Tischler-, Schreiner- oder Drechslerberuf ebenso an wie ein kaufmännischer Beruf in der Holzindustrie oder auch Forstwirtschaft.

Die klassischen Handwerke hatten offenkundig immer Beziehung zu bestimmten Charakteren. Diese liegen keineswegs immer offen zutage oder sind kausal leicht ableitbar, wie etwa die Beziehung des Wirtes zum Trinkfreudigen. Die Analogien sind viel hintergründiger und sonderbarer, als man denken sollte.

Der Tischler nun ist ein klassischer Jupiter-Schütze-Beruf. Es ist unbestritten, dass Tischler allgemein als freundliche, offene und heitere Menschen galten.

Der Tischler-Kollege (aus Nestroys „Lumpazivgabundes“) des neptunischen Knieriem, der „Leim“, beispielsweise ist der Einzige des „liederlichen Kleeblatts“ der es zu Anständigkeit und bürgerlich-solidem Wohlergehen bringt. Er ist ein typischer Jupiter-Charakter im besten Sinne: moralisch integer, aber nicht engherzig. Er ist der Einzige, der eine Doppelexistenz auch äußerlich geschafft hat: erst arm und leichtsinnig, durch Glück zu Geld gekommen, darauf aber bürgerlich und durch Anstand und Arbeit sein Vermögen erhaltend und mehrend.

Dabei aber vergisst dieser Vertreter, des positivsten Jupiter-Prinzips nicht seine Freunde. Er lädt sie ein, als er von ihrem Missgeschick hört und hilft ihnen großzügig.

Das selbe Motiv finden wir bei Ferdinand Raimunds „Verschwender". Hier werden uns gleich zwei Schütze-Charaktere verschiedener Ausprägung vorgestellt. Der reiche Edelmann, leichtsinnig und verschwenderisch, der Jagd und den Festen huldigend, der dennoch einen edlen Kern (seinen Jupiter) besitzt: symbolisiert in den Gaben, die er auch dem Bettler zuwirft, der sich letztlich als ein eigenes Ich, das der späteren Verarmung, erweist (wieder das doppelkörperliche Motiv). Und auf der anderen Seite der „Bediente", der Tischler und Kammerdiener Valentin, ein Schütze-Charakter reinster und lauterster Prägung, eine der liebenswertesten Schöpfungen der dramatischen Literatur.

Die großen Dichter des Volkes wussten nur zu gut, welches Handwerk einem bestimmten Charakter am angemessensten sei, ihre Schöpfungen sind ganz und gar aus dem wirklichen Leben gegriffen.

Wir sehen also daraus – wie auch aus vielem, was wir schon im Kapitel „Charakter" bemerkt haben – dass der Schütze einen ausgezeichneten Diener abgibt. Nun, es gibt heute den Beruf des „Lakaien" nicht mehr, das „Dienen" ist in Verruf geraten, es will jeder ein Herr sein. Und doch: wie nötig wären in unserer Zeit wirkliche „Staatsdiener", gerade in höchsten Positionen!

In diesem ursprünglichen Sinne des Wortes ist der Schütze prädestiniert dazu, dienende Funktionen auszuüben. Er passt sich übergeordnetem Willen an, ohne sein Selbst zu verleugnen (dies geschieht nur in den krass negativen Fällen).

Auch als Chef, als Spitzenmanager hat er gerade dadurch Erfolg, dass er übergeordnete Ziele nicht aus dem Auge verliert, dass er großzügig und gleichzeitig loyal, umsichtig und von begeistertem Temperament getragen ist.

So bemerkt man, dass in Satire und Karikatur Schützen in den höchsten Positionen oft der Nimbus des „Oberkellnerhaften", des anpassungsbeflissenen Opportunisten verpasst wird. Wie jede Karikatur ist dies eine einseitige Herausstreichung des Negativen, das in jeder an sich positiven Grundanlage latent vorhanden ist.

Der Schütze ist ein Mensch der Zusammenarbeit, der am Arbeitsplatz des geselligen, sozialen Elements bedarf. Er ist gegenüber Kollegen hilfsbereit und zuvorkommend und freundlich, wenn er in einem Amt mit Parteien zu tun hat. So wie er sich als Anwalt seiner Klienten mit großem Engagement annimmt, wie er als Geistlicher seine „Schäfchen" betreut, ist er auch als Mitarbeiter in weniger spezifischen Berufen ein Mensch, an den man sich stets wenden kann, wenn man Rat oder Hilfe braucht.

Sein Temperament und oft auch sein Humor oder seine Ausgelassenheit schaffen ein befreiendes Betriebsklima. Er hält Angst, Bedrückung und Hinterhältigkeit fern, und selbst wenn er zu Großsprechertum neigt, ist er doch nicht selten so amüsant und anregend, dass man seinen Tiraden lauscht.

Wenn sich der Schütze einen sportlichen Beruf gewählt hat, so kann er sicher sein, dass er die richtige Wahl getroffen hat und maximale Erfolge erzielen wird. Siegeswillen paart sich in seinem Charakter in idealer Weise mit kameradschaftlicher Fairness.

Körperlich sind athletische Anlagen sehr gut entwickelbar; das Training macht ihm auch große Freude, da er dabei seinen Bewegungstrieb voll ausleben kann. Seine Begeisterungsfähigkeit und sein Optimismus sind die richtige Einstellung und die Voraussetzung dafür, Rekorde zu erzielen.

In gewisser Hinsicht gleicht der Schütze in jedem Beruf einem Sportler. Zum einen ist es der Schwung, mit dem er alle Aufgaben anpackt und zum anderen die Zuversicht in den Sieg des Guten und Richtigen, was seinen Leistungen den Erfolg sichert.

Der Schütze in der Freizeit

Urlaub:
Sie brauchen einen Urlaub, der Sie in die weite, weite Welt führt. Aber das wissen Sie ohnedies, denn Sie sind alles andere als ein Stubenhocker. Als Globetrotter durcheilen Sie am besten im Jet-Set die halbe Erde (oder die ganze, je nach Lust und Bankkonto).

Sie können natürlich auch sesshaft bleiben und an einem Ort verharren. Der sollte aber dann einiges an sportlichen und abenteuerlichen Möglichkeiten bieten. So etwas wie die Camargue, wo die wilden Pferde wohnen, wäre vielleicht das Passende für Sie. Dort könnten Sie reiten oder die Wildnis durchstreifen.

Als philosophisch interessierter Mensch macht es Ihnen auch Spaß, mit Gleichgesinnten die großen Probleme des Lebens und der Erde zu diskutieren. Wie wär' es mit einem internationalen Kongress in landschaftlich schöner Lage, mit den Möglichkeiten zur sportlichen Betätigung, mit Meditation und heißen Diskussionen? Das wäre mal ein anderer Urlaub.

Hobbys:
Ihre Lieblingshobbys werden wohl Sport und Reisen sein. Der Sport sollte möglichst im Freien stattfinden und großzügige Bewegungen zulassen. Tischtennis ist sicher nicht das Richtige, verbreitet sind dagegen Tennis, Golf, Skifahren, Reiten, Speerwerfen, Polo und Bergwandern.

Natürlich gehört auch das Tanzen zu den Sportarten, die Ihnen liegen. Besonders großzügige Tänze im Freien machen Ihnen Spaß, also beispielsweise südliche Folklore-Tänze. Je nachdem in welchem Milieu Sie aufgewachsen sind, beschäftigen Sie sich vielleicht auch mit meditativen Tänzen und kombinieren dabei Körper und Geist.

Als Jünger Ihres beherrschenden Planeten Jupiter bemühen Sie sich auch darum, Ihren geistigen Horizont auszudehnen. Darum könnte die Philosophie in jeder Form bei Ihnen zu einem Hobby werden. Sei es, dass Sie philosophische Werke lesen, sei es, dass Sie diesbezüglich Ideen mit anderen diskutieren, zu Vorträgen gehen, sich auf Veranstaltungen und Seminaren weiterbilden oder vielleicht auch selbst darüber schreiben oder dozieren.

Sie haben auch künstlerische Talente, sollten sich aber um eine Kunst bemühen, bei der Bewegung in irgendeiner Form mitspielt. Walt Disney zeichnete Trickfilm-Sequenzen. Vielleicht malen Sie mit Kreide auf großflächigem Papier. Oder Sie werden Amateurfilmer oder wandern mit der Videokamera durch die Welt. Oder Sie fangen die bewegte Welt des Sports oder ganz allgemein Menschen mit einer Kamera ein.

Weil Sie sich meist gut verkaufen können, wäre es auch möglich, aus Ihren Fotos oder Filmen ein kleines Nebengeschäft zu machen. Vielleicht werden Sie sogar dadurch ein erfolgreicher Werbefotograf!

Der Schütze und seine Gesundheit

Haben Sie schon mal einen kranken Schützen gesehen? So etwas gibt es, aber eigentlich werden diese „Sunnyboys“ des Tierkreises nicht krank. Höchstens, dass sie sich infolge ihrer Nachlässigkeit eine Sportverletzung zuziehen. Oder dass ihnen etwas zustößt, weil sie zu unmäßig leben, weil sie zu wenig Acht geben auf sich und ihren Körper. Aber ansonsten kann man sie nur beneiden.

Darum müsste die Überschrift lauten: Warum bleiben Schützen gesund? Die Lösung ist recht einfach. Schützen sind (fast) immer optimistisch. Sie nehmen das Leben von der leichten Seite. Kleinigkeiten – wie z.B. Krankheitssymptome – übersehen sie großzügig, ganz im Gegensatz zu den Jungfrauen, die nur noch Kleinigkeiten sehen. Und die kleinen Wehwehchen verlassen, solchermaßen ignoriert, gekränkt den Körper. Woraufhin der schwungvolle Schütze seinen sportlichen und sonstigen Aktivitäten nachgehen kann.

Wenn aber ein Schütze einmal wirklich krank wird (und sei es, dass ihn die Natur damit zu einer Pause zwingt), dann verläuft die Krankheit schnell und meist ohne Komplikationen.

Plötzlich ist er krank, legt sich zu Bett (wenn er dazu Zeit hat), und ist ebenso plötzlich wieder gesund. Wie man ihn behandelt, ist ziemlich egal. Hauptsache, er ist wieder froher Dinge, sieht das Leben von der sonnigen Seite und kann über sich und die anderen lachen.

Die Krankheiten des Schützen

Dem Zeichen Schütze untersteht die Beckenregion und der Bewegungsapparat des Oberschenkels, also Knochen, Gelenke und Muskeln dieser Region. Dort sind auch seine Schwachstellen. Sie wirken sich besonders bei Überbeanspruchung (z.B. im Sport: Reiten, Skifahren) aus. Wenn sich ein Schütze etwas bricht, dann den Oberschenkel, oder er erleidet einen (leider meist komplizierten) Bruch im Hüftbereich.

Immerhin gibt es noch eine Reihe von Krankheiten, die Schützen bevorzugt befallen, nämlich Rheuma, Ischias und Gicht. Letzere entsteht durch eine zu reichliche Anlagerung von Harnsäure in manchen Gelenken. Diese Anlagerung kommt vornehmlich von zu häufigem Fleischgenuss.

Da Schützen eher sorglos leben und ein bisschen zur Unmäßigkeit neigen, kann es durchaus vorkommen, dass sie zu viel Fleisch essen. Bei schlechter Veranlagung kann das zu den erwähnten Leiden führen.

Was der Schütze für seine Gesundheit tun kann

Angemessene Lebensweise:
Jede einseitige Lebensweise ist schlecht. Auch wenn Schützen selten einförmig leben, ihr Hang zu Übertreibungen kann genauso einseitig werden.

Darum sollten Schützen in erster Linie darauf achten, dass ihr Leben ein bisschen regelmäßiger und gemäßigter wird, als es meistens der Fall ist. Der Hang ins Gigantische bringt viele interessante Erfahrungen, schädigt aber auf Dauer doch die Gesundheit.

Auch sollten Schützen nicht unbedingt über jedes körperliche Leiden großzügig hinwegsehen, sondern gelegentlich zu einem Arzt gehen und sich gründlich untersuchen lassen. Vielleicht war's wirklich nur eine Kleinigkeit, vielleicht aber auch nicht. (Die stärksten Schützen sterben irgendwann an irgendetwas!)

Ernährung:
Wie schon gesagt: Der eine Feind des Schützen liegt in seiner Sorglosigkeit und in seinem Hang zur Unmäßigkeit. Das gilt auch für das Essen. Wegen seiner Neigung zu üppigen Mahlzeiten werden Magen und Verdauungsorgane übermäßig beansprucht.

Besonders gefährlich kann dem Schützen, wie schon gesagt, übermäßiger Fleischgenuss werden. Darum sei dem optimistischen Schützen geraten, die Mahlzeiten ein wenig zu rationieren und auf allzu viel Fleisch zu verzichten.

Therapien:
Der kranke Schütze spricht auf Therapien an, die unmittelbar auf den Körper wirken, als Tiefenmassagen oder in Form von Bewegungstherapien wie Gymnastik und maßvoller Sport.

Wegen des Interesses der Schützen an Philosophie und Religion helfen ihnen auch Meditationen, vielleicht sogar Gebete. Der Glaube kann Berge versetzten und – besonders beim Schützen – Krankheiten vertreiben. Ein bisschen Ruhe und Erholung tut dem rastlosen Schützen ebenfalls gut.

Das homöopathische Mittel für den Schützen ist Silicea. Als Tabletten in der Potenz D6 ein- bis dreimal täglich regelmäßig genommen kann es Wunder wirken.

Der Schütze als Kind

Sie kennen doch die Geschichte von „Hans im Glück"? Er zieht durch die Welt, heiter und frohgemut – ein unverbesserlicher Optimist. Ohne Scheu geht er auf die Leute zu, redet mit jedem und lässt jeden reden. Und selbst wenn man ihn übers Ohr haut, ist er noch imstande, das Positive an seiner Situation zu sehen.

Hans muss ein Schütze gewesen sein, genau wie Ihr Dezember-Baby. Denn in keinem anderen Zeichen gedeihen Menschen dieser Art.

Ihr Schütze-Baby treibt sich natürlich noch nicht in der Fremde herum, das kommt erst später. Im Moment schlummert es friedlich in seinem Steckkissen. Lassen Sie es schlafen ...

Bald werden Sie ohnehin bemerken, dass seine kleinen Beinchen erbitterten Widerstand leisten, wenn Sie es wie ein Postpaket verschnüren. Es fühlt sich sichtlich unbehaglich in dem bänderbewehrten Wickelmonstrum, das es in seiner Bewegungsfreiheit behindert. Ihre Mutter meint, das gehöre sich so? Lassen Sie sie meinen, aber tun Sie es weg! Ihr kleiner Schütze mag nicht eingeengt sein, er braucht viel Freiheit. Und ob sich etwas gehört oder nicht, ist ihm völlig egal!

Er strampelt ungemein kräftig und ist auch sonst ziemlich auf der Höhe. Sie müssen sich also um sein körperliches Wohlbefinden keine Sorgen machen, eher um seine seelisches.

Es kann natürlich sein, dass der Göttervater Jupiter dann und wann von seinem himmlischen Sitz heruntersteigt, um nach seinem Patenkind zu sehen. Verlassen dürfen Sie sich allerdings nicht darauf, dass Sie auf diese Weise zu einem billigen Babysitter kommen. Es bleibt schon Ihnen überlassen, Ihrem kleinen Schützen Gesellschaft zu leisten. Ein Baby muss vor allen Dingen seine Ruhe haben? Falsch! Ihres nicht! Im stillsten Winkel Ihrer Wohnung fühlt es sich gar nicht wohl. Es kommt sich abgeschoben vor und kümmert dahin. Es braucht Menschen um sich, will etwas sehen, etwas hören – je mehr, desto besser!

Es verkraftet spielend zwei Großmütter und fünf Tanten zugleich. Sie lassen es erst richtig aufblühen. Und Fingergekrabbel an seinem Kinn nebst einem passenden Kinderreim versetzt es in einen wahren Begeisterungstaumel.

Später wird es sich unter Wonnelauten in einer Tragetasche verstauen lassen, weiß es doch: jetzt geht's los! Es wird weder Autofahren hassen noch auf Übernachtungen bei Verwandten sauer reagieren, denn da tut sich ja meist etwas.

Ganz besonders freut es sich jedoch über Ihre Gäste. Angesichts so vieler netter Leute im Nebenzimmer bleiben? Ausgeschlossen! Holen Sie es lieber gleich herüber, bevor es sich in ein brüllendes kleines Ungeheuer verwandelt – denn auch das kann ein Schütze-Kind.

Hat es erst einmal gelernt, seine Beine zu gebrauchen, sorgt es schon selbst dafür, dass es auf seine Rechnung kommt. Es findet absolut nichts dabei, mitten in Ihre Kartenrunde zu platzen, seinen Stoffhasen in einem Arm und im anderen sein Kopfkissen. Mit der gleichen liebenswürdigen Selbstverständlichkeit, mit der es Ihre Gäste begrüßt, schlägt es hernach sein Lager in einem Sessel auf. Sie können sicher sein, dass es dort besser schläft als in seinem Bett.

Es ist fast unmöglich, von seiner Frische und Spontaneität nicht entzückt zu sein. Deshalb war sein Auftritt ein voller Erfolg. Erfolgsstücke jedoch sind es wert, wiederholt zu werden und bleiben meist längere Zeit auf dem Spielplan.

Rechnen Sie also weiterhin mit der Kontaktfreude Ihres Sprösslings und deren Folgen. Seien Sie kein Spießer, er ist es auch nicht und wird es nie sein. Lassen Sie ihn gewähren, selbst wenn er einmal eine Stunde Schlaf versäumt. Das kann man nachholen. Aber von den Aktivitäten der anderen ausgeschlossen zu sein, macht ihn todunglücklich. Dann zieht er womöglich in Betracht, mal kurz auszureißen!

Sie sollten es sich überhaupt zur Regel machen, die Lebensfreude Ihres Schützen-Kindes möglichst wenig zu unterdrücken. Sie ist eine seiner wunderbarsten Eigenschaften, die ein Zurechtstutzen nur alzu schlecht verträgt. Seiner Unbekümmertheit mit einem „Man tut das nicht" einen Riegel vorschieben zu wollen, wäre geradezu herzlos, ganz abgesehen davon, dass es dieses „man" ohnehin zeitlebens nie als Maßstab akzeptieren wird.

Vernünftige Maßnahmen sieht es ein, vorausgesetzt, sie werden ihm deutlich genug erklärt. Ihnen wird es sich auch beugen. Aber die Motive, die einen Freiherrn von Knigge zur Abfassung seiner Benimm-Regeln bewogen haben mögen, werden ihm ewig ein Buch mit sieben Siegeln bleiben.

Deshalb: Bringen auch Sie den Mut auf, sich über Konventionen hinwegzusetzen. Nehmen Sie manches, wenn schon nicht auf die leichte Schulter, so doch wenigstens ein bisschen leichter. Ihr kleiner Lebenskünstler zeigt Ihnen, wie man das macht.

Mit seinem naiven Charme erobert er die Herzen im Sturm. Oder ist nicht zum Beispiel Ihr griesgrämiger Hausmeister wie ausgewechselt, seit die beiden so dicke Freunde sind? Die Rutschpartie über das Stiegengelände, das Klettern am Zaun, die Purzelbäume im Rasen, das alles ist jetzt nur noch halb so schlimm. Und dass einmal ein Ball in eine Fensterscheibe fliegt – meine Güte, Schützen schießen eben oft übers Ziel hinaus! Das sieht sogar der Hausmeister ein, wieso nicht auch Sie?

Hoffentlich sind Sie versichert. Wenn nicht, dann holen Sie das schnellstens nach. Das Haus, in dem Sie wohnen, hat leider eine Unmenge Fenster. Und Ihr Sprössling ist zwar ausgelassen, aber nicht sonderlich geschickt.

Dafür ist er ehrlich, wenn Ihnen das ein Trost ist. Er schiebt die Schuld nicht auf andere und steht für das ein, was er getan hat. Belügen wird er Sie nie. Oder sagen wir: fast nie, denn winzige Notlügen gehören zum Leben wie das Salz zur Suppe. Seine Aufrichtigkeit wird nur von seiner Redelust übertroffen. Und vielleicht von seiner Arglosigkeit.

Keine schlechte Kombination, meinen Sie? Warten Sie ab! Er schreckt nämlich vor nichts zurück und tritt munter von einem Fettnäpfchen ins andere. Die Dolchblicke Bloßgestellter werden freilich nicht ihn, sondern Sie treffen. Von irgendwem muss der Fratz es ja gehört haben, nicht wahr?

Sie können Ihren kleinen Liebling dorthin wünschen, wo der Pfeffer wächst. Sie können ihm auch auf die Zehen steigen – aber bremsen können Sie ihn nicht. Er wird höchstens „Au!“ sagen und fröhlich weiter ausplaudern, was er aufgeschnappt hat. Es liegt bei Ihnen, in Zukunft Ihre Zunge zu hüten oder sonst dafür zu sorgen, dass die Informationen spärlicher fließen.

Vielleicht sollten Sie ihm ein Tier kaufen, um ihn vom Menschlich-Allzumenschlichen abzulenken. Fast alle Schütze-Kinder sind Tiernarren und können mit Vierbeinern ausgesprochen gut umgehen. Sie betreuen sie liebevoll, wenngleich ihre Ausdauer zu wünschen übrig lässt. Es ist eben eine Schwäche des Schützen, das Interesse zu verlieren, sobald etwas zur bloßen Routineangelegenheit wird.

So kann ein Haustier einen enorm erzieherischen Wert haben, wird doch bei seiner Pflege das Verantwortungsgefühl geschult. Ihr Kind lernt, dass man übernommene Pflichten auch dann erfüllen muss, wenn die anfängliche Begeisterung verflogen ist.

Das gleiche Problem macht Ihrem kleinen Schützen auch während seiner Schulzeit zu schaffen. Es geht gern zur Schule, ist intelligent, wissbegierig, vielseitig, kurzum: ein heller Kopf. Aber seine Aufmerksamkeit erlahmt rasch, wird ihm der Lehrstoff langweilig oder trocken serviert. Dass es dann unter der Bank Karl May oder dergleichen ließt, anstatt sich eifrig am Kubikwurzelziehen zu beteiligen, ist fast unausbleiblich.

Sein Lieblingsfach dürfte vermutlich Geographie sein, denn die Ferne zieht es unwiderstehlich an. Wenn es schon nicht, wie der „Hans im Glück“ aus dem Märchen, sich in der Fremde herumtreiben kann, möchte es seine Reisen wenigstens im Geist machen und darüber viel lesen.

Übrigens kann es Ihnen passieren, dass Ihr kleiner Schütze bereits im zarten Alter von vier Jahren mit geschnürtem Bündel und dem heißen Wunsch, in die Welt zu ziehen, vor Ihnen steht. Fallen Sie nicht aus allen Wolken, sondern improvisieren Sie einen Tagesausflug oder ein Picknick. Er wird hingerissen sein und sein Fernweh für einige Zeit vergessen.

Ihn viel Sport betreiben zu lassen, ist ein Muss. Da ein bisschen Fitness auch Ihnen nicht schaden kann, sollten Sie mittun. Bedeutet Ihnen jedoch Ihre Bequemlichkeit mehr, geben Sie das offen zu. Das gilt auch für andere kleine Fehler.

Ihr geradliniges Schütze-Kind wittert Ausreden und Heucheleien meilenweit. Es wäre zutiefst enttäuscht, müsste es an Ihrer Aufrichtigkeit zweifeln, und sein positives Bild von Ihnen geriete arg ins Wanken. Ersparen Sie ihm solche böse Erfahrungen, die es mutlos und deprimiert machen können.

Dass in Ihrem munteren kleinen Schützen eine äußerst empfindsame Seele wohnt, kommt Ihnen vielleicht unwahrscheinlich vor. Nehmen Sie es trotzdem als Tatsache an und sorgen Sie mit Güte und Verständnis dafür, dass sie sich keine blauen Flecken holen.

Der Schütze in der Liebe

Der Schütze-Mann in der Liebe

Wir verstehen diesen charmanten Herzensbrecher besser, wenn wir uns seinen astrologischen Leitplaneten, den Jupiter, noch einmal näher betrachten.

Er ist, als größter Planet in unserem Sonnensystem, fast schon eine Art Stellvertreter für die Sonne.

Das astrologische Bild für den Schützen ist ein Zentaur, ein Zwitterwesen – halb Mensch, halb Tier. Mit seinem feurigen Pfeil zielt der menschliche Teil diese Zwitterwesens auf die Sonne. Seine vier Hufe benötigt der Schütze, um die unendliche Größe und noch zu erobernde Weite seiner ausgedehnten Schicksalslandschaft zu durcheilen. Seine wahre Leidenschaft liegt in der dynamischen Bewegung, im erregenden Dahinstürmen.

Unser feuriger Schütze-Adam kennt keine Grenzen und Beschränkungen, für ihn ist alles nur eine Frage des Standpunkts und der alles hinwegfegenden persönlichen Eigendynamik. Legt man ihm Fesseln an, wird er elendig zu Grunde gehen.

Auch die Liebe bedeutet daher für ihn oft eher das Risiko der Gefangenschaft, hat er doch seine animalische Pferdegestalt noch nicht ganz überwunden, die ihn an die irdischen Genüsse bindet. So thront der Schütze zwar als erkennender

Mensch über seiner natürlichen Triebhaftigkeit, doch das heißt noch lange nicht, dass gerade unser genussorientierter Jupiter-Freund sich nicht kopfüber in das leidenschaftliche sinnlich-erregende Getümmel von Mann und Frau stürzt. Gilt es doch gerade diese Heldentaten zu bestehen, die er dann am Lebensende zum Besten geben kann.

Sicherlich ist seine weite und große Liebe zu einer Frau aufrecht und auch in den ersten stürmischen Zeiten einer keimender Partnerschaft echt belastbar. Doch gerade diese für andere so wunderbar heldenhafte Größe seiner Gefühle ist ein phantastischer Schutzschild, um sich, falls die hitzige Liebe am Verglühen ist, elegant, makellos und ohne beschämende Zugeständnisse aus einer Affäre zu ziehen.

Unser Schütze-Held ist der geborene Schauspieler und Dramatiker, der ein riesiges Rollenrepertoire hat. So unbegreifbar wie sein Persönlichkeitskern ist, so ungreifbar ist er auch in Liebesangelegenheiten. Er will sich überall und jederzeit ins beste Licht setzen und mit großartig-prophetenhaftem Sprachvolumen dies auch untermauern. Allzu oft weht nach seinem feurigen Redeschwall das laue Lüftchen leerer Versprechungen.

Er ist schon längst über alle Berge und daher nicht mehr zu Rechenschaft verpflichtet. Für unseren Helden erscheint sein Verhalten, das andere leicht als Untreue und Unzuverlässigkeit interpretieren, eine persönliche Notwendigkeit, um aus diesen Fesseln einer allzu moralisierenden und verpflichtenden Beziehung auszubrechen.

Er kann nicht anders, braucht er doch dieses Gefühl einer spontanen Entscheidungsfreiheit, auf die er, auch wenn er sie momentan nicht braucht, immer zurückgreifen kann. Die Flucht nach vorne ist daher typisch für ihn, und ähnlich dem Verhalten eines Wildpferdes, das unter keinen Umständen eingefangen und gezähmt werden will.

Doch jeder möchte diesen ungestümen Wildfang besitzen und sein Freund sein, sei es auch nur für kurze Zeit. So ist unser dynamischer Schütze-Adam ein in der Frauenwelt gern gesehener Gast für leidenschaftliche, kurze Zwischenspiele.

Natürlich weiß er um seine Anziehungskraft, und er wird auch dieses kosmische Talent zu seinem Vorteil einsetzen, um seine diversen Liebesabenteuer zu bestehen, die ihm den Ruf eines wirklich begabten Casanovas einbringen werden.

Und was Wut und Zorn der Nebenbuhler angeht, so zerbricht er sich deswegen nicht den Kopf, ist er doch schon längst wieder aus der Reichweite irgendwelcher Ansprüche und Angriffe. Doch ob unser Held auf Dauer mit dieser Lebenseinstellung glücklich wird, hängt davon ab, ob er eine Frau findet, die ihm diese natürliche Angst vor Enge und Gefesseltsein nehmen kann und ihm den Weg zu dem innersten Kern seines strahlenden Ich-Zentrums aufzeigt, den er so oft vergeblich in der Weite und der abenteuerlichen, oberflächlichen Geschäftigkeit gesucht hat.

Die Gefahr für unseren Schützen ist groß, sich in der grenzenlosen Weite seiner Anschauungen zu verlieren und den wahren inneren Kern aller Dinge in genussvollen Äußerlichkeiten zu suchen. So eilt er von einer Lust und Ekstase zur anderen und bemerkt nicht, dass er seine Lebensenergie nur „verpulvert". Auch wenn ihn seine götterhaften, kosmischen Jupiterenergien nie verlassen werden, so entsteht trotzdem in ihm ein trostloser Zustand des persönlichen Ungenügens und einer innerseelischen Einöde, falls es ihm nicht gelingen sollte, endlich mal zu einem Ruhepunkt zu gelangen.

Gerne würde er diese Ruhe und Sicherheit bei einer geliebten Frau finden, aber ihr Misstrauen bezüglich seines früheren „Casanova"-Lebens werden ihn nun verfolgen. So unangemessen hoch sein persönlicher Freiheitsanspruch damals war, so unangemessen hoch wird sein jetziger Anspruch an eine Partnerschaft werden.

Es ist nicht leicht mit ihm, er ist ein wirklich extremer Mensch. Zeigt er doch letztendlich mit dem Pfeil seiner alles verbrennenden Leidenschaft und Willenskraft auf den wahren Kern im Menschen.

Die Schütze-Frau in der Liebe

Auch sie ist eine leidenschaftliche, feurige Frau, die sich genüsslich ihres Körpers und ihrer Gefühlswelt bedient, um die ihr rechtmäßig zustehende irdische Erfülltheit in einem intensiven und abenteuerreichen Leben zu erlangen.

Genau wie ihr männliches Pendant schätzt sie persönliche Freiheit und sinnlich-emotionale Freizügigkeit, die sie unter keinen Umständen an den Erstbesten verlieren möchte. So eilt auch unsere agile und weltgewandte Schütze-Eva von einem Liebesabenteuer zum anderen, um dem Geheimnis Mann auf die Schliche zu kommen.

Hat sie doch in sich selbst diesen feurigen, zielstrebigen Impuls, der oft mit ihrem Streben nach Geborgenheit und emotionaler Sicherheit im Zwiespalt liegt. Wie soll sie es schaffen, diesen existentiellen Widerspruch ihres Lebens zu lösen?

Natürlich wird sie den für sie einfachsten und nahe liegendsten Weg einschlagen: einfach alles mal ausprobieren. Nachher wird sie schon sehen, wie es gelaufen ist.

Gut, das ist die eine, mehr mutige Seite einer bewundernswert dynamischen Schütze-Frau. Doch falls die weibliche Seite eher das Sagen hat, so wird sie sich fast schon schamhaft davor hüten, sich in den Kampf der Geschlechter zu stürzen. Sie wird sich ihre Erfahrungen mehr aus idealisierenden und philosophierenden Anschauungen erarbeiten. Doch ihr ungezähmtes Temperament erfordert viel Energie, um es zu unterdrücken.

Eine manisch-depressive Tendenz ist vorhanden, weiß sie doch um ihre unberechenbare, sinnliche Eigendynamik, jenes Überbleibsel des Zentauren-Körpers, über den sie in Menschengestalt herrschen soll.

Was für einen Schütze-Mann viel einfacher ist, nämlich sich in seiner natürlichen Geschlechtlichkeit durch dieses männlich-feurige Tierkreiszeichen auszuleben, ist für eine unentschlossene und zögernde Schütze-Eva ein ewiges Drama auf Erden. So steht sie vor einer männlich-orientierten Öffentlichkeit, die sie im Grunde für ihre Erfüllung beständig braucht und zögert, den Pfeil ihrer freigiebigen Sinnlichkeit abzuschießen. Sie fürchtet wohl ein missverständliches Echo auf derlei leidenschaftliche Aktivität.

Die Enge und die Gebundenheit an ein Heim sind für eine freiheitliche und lebenslustige Schütze-Frau ebenso wie für einen Schütze-Mann ein unsagbares Leid, dem es gilt, schleunigst zu entfliehen. Doch ihre verantwortungsvolle, natürliche Weiblichkeit wird sie an ihre ureigenste Aufgabe auf Erden erinnern wollen, nämlich Kinder zu bekommen.

„Oh Schreck, auch das noch, da bleibt ja für mich und meine Entfaltungsmöglichkeiten überhaupt kein Spielraum mehr!“

Und schon sitzt eine eher zarte und unentschlossene Schütze-Eva wieder zwischen zwei Stühlen. Hat sie aber den Mut dagegen anzukämpfen, so wird sie nach langen, herben und leidvollen Zeiten der persönlichen Selbstbehauptungen in diversen Beziehungen doch endlich einen gangbaren Lösungsweg finden.

Auch unsere Schütze-Eva steht Jupiter mit seinen beglückenden Gaben zur Seite, doch sollte sie nicht mit grenzenloser Übertreibung davon Gebrauch machen und alles weitere in ihrem Leben nur von glücklichen Umständen abhängig machen wollen.

So wird sich unsere Schütze-Eva sehr oft auf einer gefährlichen Gratwanderung befinden: Auf der einen Seite droht der Absturz in die bodenlose und doch zugleich oberflächliche Sinnlichkeit. Auf der anderen Seite droht der Abgrund von familiärer Enge und Gebundenheit. Hier gilt es für sie, den richtigen Weg auszuloten.

Der Schütze-Mann und seine Partnerinnen

Schütze-Mann und Widder-Frau

Ein ideales Paar. Hier ergänzen sich die vitale, unberechenbare Lebenslust unserer energiegeladenen Widder-Amazone mit der stürmischen und wechselhaften Erotik unseres freundlichen Herzensbrechers.

Ein wahres Feuerwerk der Leidenschaft, leider meist oft nur ein wildloderndes Strohfeuer, das mangels Substanz und Ausdauer so schnell und plötzlich wie es begonnen hat, wieder zu Ende ist. Doch unser cleverer Schütze-Held hat sich Name und Anschrift dieser bewundernswert spontanen Amazone notiert, und er wird ihr nach gegebener Zeit wieder mal einen Besuch abstatten. Weiß er doch, dass sie ihm keine Schuld für den hektischen Abbruch der Beziehung gibt.

Nein, beide Feuerzeichen stehen im Grunde immer zu den Situationen, in die sie geraten sind, und versuchen, zuerst bei sich die Fehler und Schwächen zu entdecken und zu beseitigen. Doch unser schneller Vierfüßler aus dem Geschlecht der dynamischen Schützen hat einen Ehrbegriff, der doch ein wenig biegsamer und elastischer ist, als sich unsere tapfere Widder-Lady vorzustellen vermag.

Natürlich wird sie wieder von seinem unwiderstehlichen Charme und seiner sinnlichen Ausstrahlung angezogen und die Schuld der permanent vorhandenen Streitlust in dieser extremen und abwechslungsreichen Partnerschaft auf sich nehmen.

Doch wehe dem Schützen, falls unsere Widder-Eva von seinem so elastischen Ehrbegriff Wind bekommt!

Schütze-Mann und Stier-Frau

Bis unsere vorsichtige und langsame Stier-Eva überhaupt mitbekommt, dass sie in einer hektisch-impulsiven Liebesaffäre mit einem begnadeten Schütze-Adam verwickelt ist, ist er schon wieder über alle Berge verschwunden.

Hier treffen zwei ganz und gar verschiedene Erlebnissphären aufeinander: Er mit Eigendynamik von Bewegung auf allen Ebenen von Körper, Geist und Seele; unsere zarte, venusbetonte Stier-Eva mit bedächtigeren Augen, darauf bedacht, sich „Futter und Nahrung“ in größten Mengen und bester Qualität zu sichern.

Und da kommt ihr so ein prächtiger, aber allzu hektischer „Energiebolzen“ namens Schütze gerade recht. Den will sie sich erobern und keinen anderen. Hat er doch auch noch so einen wohlgeformten Körper. Zudem gefällt ihr sein verschwenderischer Umgang mit seinen Kräften und Energien.

Doch im Grunde kommt sie mit ihren Wünschen und Bedürfnissen bei unserem schnell und direkt lebenden Schütze-Mann fast immer zu spät. Unserem Helden dauert es einfach zu lange, bis sich unsere Venus-Eva bequemt, endlich auch mal ihre echte, tiefe Leidenschaft ihm gegenüber zu entfachen.

Sie lässt sich gerne bedienen und verwöhnen; doch in dieser Partnerschaft wollen beide auf verschiedenen Wegen zum gleichen Ziel kommen, was schnell zu Frust und sogar Trennung führen kann.

Schütze-Mann und Zwilling-Frau
Nach der astrologischen Elementenlehre eine ideale Partnerschaft, die auf Ergänzung und Unterstützung der beiden Elemente Luft (Geist) und Feuer (Wille) beruht.

Doch im Tierkreis liegen sich diese Zeichen gegenüber, was immer auf Polarisation und starke Spannung schließen lässt. Sicherlich ist unser Held von dieser flinken und attraktiven Zwillings-Eva sehr angetan, und er wird sein Don-Juan-Repertoire bei ihr abspulen und auch Erfolg damit haben.

Doch auf die Dauer werden sich tiefe Risse und Schwierigkeiten in einer Partnerschaft dieser beiden Persönlichkeitskerne herausstellen. Denn unser Schütze will die ganze Wahrheit über sich und diese Welt erfahren und nicht in die Zwilling-typische und hin und her schwankende Belanglosigkeit von unterschiedlichen Meinungen und Anschauungen verwickelt werden.

Gerade dieser lockere Umgang mit den Einsichten in das Gesamtgefüge Mensch und Welt hat ihn so sehr bei ihr gereizt. Glaubte er doch im ersten Moment, schon eine reife und erfahrene Meisterin ihres und seines Schicksals gefunden zu haben. Doch er wird sich in den meisten Fällen gewaltig in ihr täuschen. Ein sicheres Zeichen, dass auch gerade er noch nicht weit auf seinem Weg zur Aufrichtigkeit und zu einer belastbaren Eigenverantwortlichkeit gekommen ist.

Große Worte und Taten gehen im leicht von der Hand, doch die insgeheime Entlohnung dafür kann er sich bei unserer immer schnell alles relativierenden Zwilling-Eva abschminken. Sie wird immer eine Spur von Scheinheiligkeit und schauspielerischer Rollenvielfalt bei ihm und seinen Heldentaten finden, was ihm auf Dauer verständlicherweise die vitale Lust und Freude an dieser sonst so liebreizenden Merkur-Lady verdirbt. Eine richtige aufregende Tragik-Komödie, in der es leicht zu handfesten Auseinandersetzungen kommen kann, sind doch beide Tierkreiszeichenvertreter Zeichen äußerst „beweglich".

Aber genauso schnell sind sie wieder versöhnt. Wenn beide sich brauchen und lieben, kann eine energiegeladene und abwechslungsreiche Partnerschaft daraus werden.

Schütze-Mann und Krebs-Frau

Im Grunde keine leichte Beziehung. Denn unsere leicht verletzliche Krebs-Frau nimmt alles zu ernst und tragisch.

Ihr fehlt der Schütze-typische Übermut, über scheinbar belanglose Kleinigkeiten einfach hinwegzusehen. Seine leidenschaftlichen Attacken wird sie als zu aufdringlich und frech von sich weisen, will sie doch lieber mit Samthandschuhen und Kerzenlicht ein Spielchen wagen. Doch unser begabter Weiberheld wird sich auch bei ihr zu helfen wissen.

Aber er ist sich in den wenigsten Fällen bewusst, auf was er sich mit unserer seelisch besitzergreifenden Krebs-Frau einlässt. Sie wird ihn ganz simpel und drastisch fragen, was er denn mit ihr angestellt hat und ob er bereit ist, die gesamte Verantwortung dafür zu tragen.

Denn so einfach, wie unser Held sich ausgemalt hat, sich bei ihr genüsslich zu laben und sinnlich erfüllte Zeiten zu verbringen, ist es mit einer launisch weiblichen Krebs-Eva doch nicht. Nachtragend ist sie auch noch.

Hier hilft nur die schnelle Flucht nach vorne – und weg ist unser Held. Eine klagende Mond-Frau wird unserem fast schon göttlich begnadeten Liebhaber hinterherhecheln; doch sie wird ihn in den seltensten Fällen wieder einholen können. Eine tragische Liebesaffäre für unsere eifersüchtige Mond-Eva und ein gefährliches Spiel mit seiner verspielten Männlichkeit, hat sie doch scharfe und hart zupackende Krebs-Scheren sozusagen als moralische Kontrollinstanz.

Schütze-Mann und Löwe-Frau
Das könnte eine packende und lebhafte Partnerschaft werden. Sind doch beide Tierkreiszeichenvertreter Feuerzeichen, die sich mehr nach ethisch wertvollem und höherstehendem Sinn und Inhalt ihres Lebens sehnen. Darin können sich eine wahre sonnhafte Königin des Herzens und ein tapferer Recke mit scharfem Pfeil für Gerechtigkeit und Liebe sinnvoll ergänzen.

Doch auch hier besteht die große Gefahr des Übertreibens im Anspruch an den Partner. Schnell entfachen die beiden Feuerzeichen hitzige Streitereien und reißen lieb gewordene Gewohnheiten und zärtliche Bande des vertrauten Umgangs im Hinblick auf ein noch besseres Leben in tausend Stücke. Dann starten sie auf diesen Scherben ihrer unerfüllbaren Sehnsucht vergeblich wieder einen neuen Versuch: das ewige, leidenschaftliche Lebensdrama feuerbetonter Tierkreiszeichen.

Nach anfänglichen Höhepunkten des gemeinsamen Erlebens wird unsere erotisch etwas gebremste Löwen-Dame wieder in ihren Alltagstrott verfallen, um in der Beschaulichkeit ihres sonnenhaften, gütigen Wesens vor sich hin zu glühen und sich der Dinge und vor allem ihrer selbst zu erfreuen.

Den dynamischen Schützen wird dies „nerven“, und er wird hektisch und nervös um sie herumtänzeln und sie für allerlei Aufregendes und Intensives zu begeistern versuchen. Liebt sie diesen abenteuerlichen Typ aus vollem Herzen, und verzeiht sie ihm seine Schauspieltalente, so hat er gewonnen.

Er darf am Hofe der Sonne König sein. Seine Meisterrolle in diesem Leben.

Schütze-Mann und Jungfrau-Frau
Eine etwas seltenere Konstellation zweier Tierkreiszeichenvertreter.

Ein kleineres, nettes Abenteuer für unseren Casanova, eine verzwickte Seelenangelegenheit für unsere kühle Jungfrau-Dame, die viel lieber mit ihrem Sachverstand und mit geistiger Vernunft die Welt einschätzt und ungern mit übertrieben leidenschaftlichen Überraschungen aufs Kreuz gelegt werden will.

Natürlich erobert er ihr scheues und reines Herz in Windeseile. Sein umfassender und kosmischer Charme und seine männliche Kraft werden auch sie überzeugen. Doch ihr Weltbild ist unserem grenzenlosen Abenteurer viel zu kleinkariert und voller selbst gestrickter Falltüren und Widerhaken. Was soll er mit Vernunft und scharfem Kalkül besser machen in seinem Leben?

Nein, lieber aus dem Bauch gelebt und mit blitzenden Augen neuen Abenteuern entgegengehen als in der Hinterstube einer ängstlichen und arg vergeistigten Lebenseinstellung zu verkümmern. „Auf Nimmerwiedersehen meine Liebe, hier ist meine Telefonnummer, ich bin ja gar nicht so, du kannst mich anrufen, wenn du Hilfe brauchst.“

Ein ehrliches Angebot der Freundschaft für sie. Das ist der Lohn für ihre hingebungsvolle Bereitschaft, sich auf ein Spielchen mit ihm eingelassen zu haben.

Im Grunde ist sie aber froh um diese Erfahrungsbereicherung, und vor allem ist sie jetzt wieder mit sich selbst allein und hat keinen sie nervenaufreibenden Hektiker um sich herum.

Schütze-Mann und Waage-Frau
Ein wirklich nettes Paar. Unsere gepflegte, verführerische Waage-Eva mit einem welterfahrenen, eleganten Lebemann Arm in Arm. Ein herrlicher Anblick.

Er weiß genau, was sie braucht, ohne dass sie es ihm durch die Blume verständlich machen muss. Leicht und locker verzeiht unsere diplomatische, menschenerfahrene Waage-Eva ihm seine Allüren und die Scheinheiligkeiten seines allzu heldendhaften Auftretens, liebt sie doch Theater und die schönen Künste über alles.

So wird unser dynamischer Schütze-Adam voll auf seine Kosten kommen. Kein böses Wort wird er von ihr hören, dass er ein Windhund sei, der nur ihr Herz brechen möchte, und dergleichen mehr.

Er könnte bei ihr wirklich endlich mal zur Ruhe kommen und die Welt an sich vorbeiziehen lassen, ohne gleich wieder in diesen eitlen Wettstreit zu verfallen, wer nun der Beste, der Schönste, der Ausdauerndste, der Stärkste, der Liebste aller Frauen sei.

Das alles und noch mehr bekommt er von einer erfahrenen und weiblich voll erblühten Waage-Eva.

Eine kosmische Konstellation, in der sich unser tapferer Schütze mit all seinen Talenten bestens einbringen kann, weiß doch unsere geschickte, alles abwägende, luftbetonte Venus-Eva, ihm permanent neue und bessere Ziele für sein ruheloses Interesse anzubieten.

Beide werden sich im wahrsten Sinne des Wortes miteinander aufs innigste verschlingen und sich ewige Treue und wahre Liebe schwören.

Schütze-Mann und Skorpion-Frau

Olala, welch gefährliches Spiel mit diesem „Teufelsweib“. Hier kann es unserem Schütze-Liebling Kopf und Kragen kosten, wenn er sich allzu weit auf ihr für ihn tödlichen Terrain von Seelenbindung und sinnlicher Abhängigkeit vorwagt.

Doch dieser Stachel ihrer umfassenden Sinnlichkeit reizt ihn bis aufs Blut. So ein Abenteuer hat er schon lange nicht mehr verbuchen können. „Also, was soll's, ich kann mich ja immer noch aus dem Staub machen, wenn es brenzlig wird.“

Aber genau das weiß eine magisch-intuitive Skorpion-Eva geschickt zu verhindern. Blindlings wird er in ihre Falle tappen und sich – in ihrem Netze wild um sich zappelnd – verfangen. Pech gehabt, mein teurer Freund, eine begabte Skorpion-Eva weiß um die Schwächen und Ängste anderer und wird diese auch schamlos für sich auszunutzen wissen.

Sie wird ihm Fesseln anlegen, die sie obendrein noch sich selbst – leidenschaftlich ob zu erwartender sinnlicher Abenteuer – anlegen lässt. Dieses Spiel hat er noch nicht ganz kapiert, deswegen auch sein naives Vertrauen, dass sie ihm diese Fesseln abnehmen wird.

Keine Bange, für einen schmächtigen Schützen ergibt sich keine allzu große Gefahr. Doch für einen stattlichen Schütze-Typ ist höchste Alarmbereitschaft angesagt. Sie wird diese „fette Beute" in den seltensten Fällen wieder freiwillig loslassen. Hier muss unser Held all seine Kraft und seine feurige Willensenergie einsetzen, um von ihr nicht völlig abhängig zu werden.

Bietet sie ihm doch schier grenzenlose Genüsse an, von deren Existenz und Intensität er nur vom Hörensagen wusste. „Welch eine Frau! Doch wenn es meine persönliche Freiheit kostet, muss sie mir aber noch mehr bieten."

Und schon entzündet sich der Kampf der Geschlechter um Macht, Einfluss und Nutzen dieser extremen, aber auch leidenschaftliche erfüllten Partnerschaft. Wahrlich ein riskantes Lebensabenteuer, das auch ein vitaler Schütze nur einmal wagt.

Schütze-Mann und Schütze-Frau
Beide werden aufeinander zielen, und wenn sie Glück haben, was auch in den meisten Fällen zutrifft, werden sie sich genau ins Herz treffen. Peng – und beide stürzen sich Hals über Kopf in diese erregende und leidenschaftliche abwechslungsreiche Partnerschaft.

Doch es könnte auch der Fall sein, dass sie vor lauter Hektik und vibrierender Eigendynamik daneben gezielt haben und sie sich beide vergebens davor bewahren wollen, wieder unwiederbringlich in den dahinströmenden Lebensgewässern auseinander zu driften.

Welche Tragik – sahen beide doch für einen kurzen Moment dem unendlichen Glück direkt in die Augen, und die Erfülltheit und Bestimmtheit eines ganzen Lebens lang ausgebreitet offen vor ihnen.

In dieser trotzdem seltenen Konstellation von Schütze-Adam und Schütze-Eva ist alles möglich, sind doch beide Jupiterkinder, die Glück und Erfüllung immer auf ihrer Seite haben werden.

Sie werden immer wieder auf die Füße fallen. Doch gerade diese Vielzahl von Füßen – haben wir es hier doch, sinnbildlich gesehen, mit 4 Paar Hufen zu tun – entwickelt leicht eine tragische Eigendynamik und eine plötzliche, unberechenbare Lust am stürmischen Lauf durch unerschlossene Weite der persönlichen Schicksalslandschaft.
Auch wenn beide sich sehr darin ähneln, suchen sie immer nach der ureigensten, persönlichen Landkarte. Was wie eine harmonische Suche nach gemeinsamem Glück aussieht, ist im Grunde purer egoistischer Eigennutz der sich verausgabenden Schützennatur, die vor lauter Freundlichkeiten und Gefälligkeiten nach außen hin schnell das wahre und echte Ziel vergessen lässt.

Ein Schütze ist eigentlich immer auf der Suche nach seinem Ich, doch allein mit sich selbst wird er nie richtig glücklich werden. So sucht er fortlaufend die Nähe und Freundschaft aller Menschen, um wenigstens in jedem von uns einen Spiegelsplitter seines kosmischen Ichs wieder zu entdecken. Unter diesem Aspekt betrachtet: eine ideale Partnerschaft.

Schütze-Mann und Steinbock-Frau

„Nein danke, kein Bedarf", wird man unseren Helden hören, falls man ihn auf diese Konstellation anspricht. „Was soll ich mit dieser spröden Dame denn anfangen? Bis die mal so richtig in Fahrt ist, hab' ich meine ganze Energie verloren. Nachher hält sie mir noch Moralpredigten und beschwert sich. Dann lässt sie mich doch auch noch glatt auflaufen. Das passiert mir nur einmal!" So oder ähnlich wird ein Schütze-Adam denken. Wahrlich keine leichte Partnerin fürs Leben. Ihre Prüfungen sind beinhart, und ihre zähe Lust an Prinzipien und Nutzungsdenken werden dem Schützen kalte Schauer den Rücken hinunterlaufen lassen.

Nun gut, es wird sich auch in den wenigsten Fällen eine stabile und für beide Seiten ergiebige Beziehung anbahnen, denn allzu unterschiedlich sind hier Wollen und Fühlen. Was unserem Helden an ihr zu engstirnig und zu nüchtern vorkommt, hält sie bei ihm für bodenlose Übertreibung und Unaufrichtigkeit.

Diese unterschiedlichen Maße werden für eine gesunde und vitale Beziehung nicht gerade förderlich sein. Besser die Finger davon lassen, es könnte arg ins Auge gehen.

Schütze-Mann und Wassermann-Frau
Hier begegnen sich zwei Menschen, die sich in dem ähnlichen Gedankenansatz über „Gott und die Welt“ sehr gut verstehen können.

Mal abgesehen davon, dass unser Casanova jedem Rock hinterherschielt, hat eine emanzipierte Wassermann-Eva das gewisse Etwas an sich, um unseren Helden zu veranlassen, sich intensiver mit ihr zu beschäftigen.

Er kennt wohl viele Frauentypen und jede Frau ähnelt einer Ex-Geliebten, doch so eine bizarre und eigenwillige, bisweilen verschrobene Persönlichkeit hat er noch nicht kennen gelernt.

Das zu erwartende Neue an ihr reizt ihn. Doch er könnte bald von ihr enttäuscht sein, falls er sich allzu heftig in sie verliebt hat und ihre körperlichen wie auch geistigen Gaben des Öfteren noch näher testen möchte.

Hier wird er von ihr in seine Schranken verwiesen werden – „Stopp, bitte nicht so nahe!“ Er wollte doch auch nur Freundschaft und keine Partnerschaft, und er brauche ihr gar nichts vorzumachen, wie er sie grenzenlos liebe und begehre.

Diese Schizophrenie von Gefühlen und den vergeistigten Ansprüchen an ihr Beziehungsverhältnis zueinander machen ihn sehr ärgerlich. Ein lautes Wort gibt das andere, und schon fliegen die Fetzen. „Du eingebildete gefühllose dumme ...“ und einiges mehr rutscht ihm heraus. Dann verschwand er auf Nimmerwiedersehen.

Schütze-Mann und Fische-Frau

In den meisten Astrologiebüchern steht über diese Konstellation nicht viel Positives. Es würde auf Dauer nicht gut gehen.

Wer redet denn von Dauer. Beide lieben genauso das kurze hektische leidenschaftliche Abenteuer. Und meistens werden es auch beide bei diesen neckischen und erlebnisreichen Spielchen belassen. Merkt doch unsere sinnlich erfahrene Fische-Eva intuitiv sofort die cholerisch aufbrausende Persönlichkeit unseres feurig-dynamischen Schütze-Adams, und unser Held erkennt auch sofort ihre unverbindliche und abgrundtiefe Gefühlswelt.

Sie bedient sich bei ihm seiner Liebe und Güte, und er nascht von ihrer hingebungsvollen Weiblichkeit. Belassen es beide lediglich bei diesem Spiel, so werden sie sehr viel Spaß und Freude miteinander haben.

Doch wehe, falls es einem einfallen sollte, irgendwelche Besitzansprüche und verpflichtende Verhaltensregeln gegenüber dem anderen Partner aufzustellen. Unser Schütze wird dann sein Heil in der Weite suchen, und die Fische-Lady verzieht sich in die unzugänglichen Gefilde ihrer grenzenlosen Innenwelt.

Beide sind jetzt nicht mehr greifbar und bieten daher dem Anderen keinerlei seelische Verwendungsmöglichkeiten mehr: „War was? Ich hab‘ damit überhaupt nichts mehr zu tun; nach mir die Sintflut!“

Die Schütze-Frau und ihre Partner

Schütze-Frau und Widder-Mann

Eine impulsive und äußerst lebendige Partnerschaft, die sich mehr im spontanen, lustbetonten Hier und Jetzt abspielt, als sich Gedanken über Zukünftiges zu machen.

Im Grunde also eine ideale Beziehung, deren anfänglicher Begeisterungsimpuls schon ein paar „Jährchen“ reichen kann. Natürlich wird sich unsere agile und temperamentvolle Feuer-Amazone keinen „mickrigen“ und unterentwickelten Widder-Adam suchen. Nein, ein wahres Prachtexemplar von einem dynamischen und in jeder Hinsicht energiegeladenen Widder-Mann wird es schon sein müssen.

Denn ihre Abenteuerlust ist schier grenzenlos, und der Schütze-typische Anspruch an ein umfassendes glückliches und erfülltes Leben passt gut zu ihrem Streben und Trachten. Und dazu gehört für eine emanzipierte Schütze-Eva natürlich gleich eine ganze Schar von prächtigen Männern, zu denen sie in großzügiger, doch im Grunde zu nichts verpflichtenden Freundschaft steht.

Gerade dieser freundschaftliche Umgang mit Männern macht es ihr so leicht, jeden für sich zu gewinnen, sei es auch nur eine kleine Gefälligkeit oder durch einen netten Flirt. Dieses Verhalten wird von unserem Widder-Adam gerne aufgenommen, muss er sich doch jetzt nicht mehr mit einer Frau bemühen, die gleich bei jedem allzu direkten Liebeswerben nach dem Sittenrichter ruft.

Damit wird unser Mars-Adam bei seiner dynamischen und großzügigen Schütze-Eva in den seltensten Fällen konfrontiert werden.

Hier ergänzen sich weibliche Spontaneität und grenzenloses Erfahrungsbedürfnis mit dem direkten, unkomplizierten Handel eines energiegeladenen männlichen Helden. Und wenn unser Schütze-Eva dazu noch clever genug ist, diese brisante Liebesaffäre in Partnerschaft auf Dauer umzuwandeln, so werden sie in Liebe und herzlich verzeihender Freundschaft gemeinsam alt und grau werden.

Die „Enkelchen“ freuen sich garantiert an den vielen aufregenden Geschichten, die beide in diesem Leben zusammen durchlebt haben.

Schütze-Frau und Stier-Mann
Was die astrologische Elementenlehre angeht, so ist diese eine etwas ungünstige Konstellation. Denn das bewegliche Feuer muss sich mit der stoischen Gelassenheit eines verdichtenden Erde-Zeichens auseinandersetzen – im Prinzip sind das zwei völlig verschiedene Erlebnissphären. Doch da unsere bewundernswerte Schütze-Lady ein Genießertyp ist, wird sie es auch mal mit einem netten, kleinen „Stierchen“ versuchen.

Hat er doch so warme treublickende Augen, die die stetige Wärme eines noch nicht offenbarten Gefühlsbedürfnisses signalisieren.

Gerne lässt er sich von einer Frau erobern, geschieht das doch selten genug. Zudem sieht sie blendend aus.

Astrologisch gesehen liegen sich in dieser Liebe das große Glück des männlichen Jupiters und das kleine Glück der weiblichen Venus in den Armen, wenn auch geschlechtlich die Rollen vertauscht sind. So übernimmt in dieser Liebesgeschichte die Schütze-Frau die Leitung und führt das scheue und immer besorgt dreinblickende „Stierchen“ durch die Vielfalt ihrer unermesslichen Weiblichkeit.

Eine prima Sache, wenn sich beide nicht so oft grundlegend missverstehen würden. Eine zärtliche Liebe mit der Wehmutsträne einer keimenden und nicht gewollten Zersplitterung.

Schütze-Frau und Zwilling-Mann
Ein netter Flirt mit unverbindlichen Absichten. Ein flinkes Wortspiel nach dem Anderen, und so nebenbei, denn beide spielen mit Unschuldsmiene den weltoffenen Großstadtbürger, werden sie sich nähe aufeinander einlassen.
Ganz unverbindlich, versteht sich, haben wir es hier doch mit Feuer- und Luft-Zeichen zu tun, denen er bekanntlich an dem so wichtigen Seelenleben des Wassers mangelt.

So schleichen sie beide um den heißen Brei ihrer ach so empfindlichen Seelenwelt herum und kommen vor lauter Debattieren und heißen Wort- und Scheingefechten mit ihrem Empfindungen nicht ins Reine.

Für unsere heißblütige Schütze-Eva ist ein ausgeprägter Zwillings-Adam ein gern gesehener, vielseitiger Liebhaber. Doch seine seelische und geistige Wechselhaftigkeit ist ihr ein Dorn im Auge. Großzügig übersieht sie kleinere Fehler und Schwächen; doch ein so stetiges Leugnen der Eigenverantwortlichkeit für die Partnerschaft ist ihr selten untergekommen.

Sicherlich verspricht unsere agile und sportliche Schütze-Lady manchmal mehr, als sie in Wirklichkeit halten kann, aber mit einem verantwortungslosen „Überflieger" möchte sie auf Dauer nicht zu tun haben, auch wenn er ihr tiefe Liebe versprechen sollte.

Schütze-Frau und Krebs-Mann
Eine Beziehung, die nur dann Sinn und Dauer beweist, wenn beide schon etwas gereifter sind.

Unsere flotte Jupiter-Dame mit dem großen Herzen sollte sich schon in den Reihen der begehrenswerten Männer dieser Erde gründlich umgesehen haben, um den wahren inneren Wert eines hypersensiblen und einfühlsamen Krebs-Mannes erkennen zu können.

Und unser in jungen Jahren so zarter und schüchterner Mond-Adam sollte schon eine gehörige Portion Lebensmut und Risikobereitschaft in die Partnerschaft mit einbringen können. Nur unter diesen persönlichen Voraussetzungen könnte aus dieser Verbindung zweier extrem unterschiedlicher Charaktere eine harmonische Beziehung entstehen.

Denn im Grunde seines wankelmütigen Herzens bewundert ein Krebs-Mann diesen weiblichen,

Schütze-typischen Übermut und diese Risikobereitschaft. Gerne möchte er auch so frei und ungebunden die Herzen der Frauen im Sturm erobern, ohne gleich wieder in kleinkarierte Eifersucht und in einen romantischen Empfindsamkeits-Kult zu verfallen.

Unsere sich nach offener Freundschaft sehnende Abenteuerin der Sinne wird es bei einem arg häuslichen Krebs-Adam nicht leicht haben, sich aus den Scheren seiner seelischen Umklammerung zu befreien.

Sie riecht den „abgestandenen", häuslichen „Mief" seines oft ohnmächtigen Gewohnheits-Lebens und wird die Finger von ihm lassen.

Schütze-Frau und Löwe-Mann

Hier bräuchte man nicht viel zu berichten, verstehen sich doch diese zwei Feuerzeichen aufs Beste miteinander.

Es ergänzen sich ihre abenteuerliche Lebenslust und Freigiebigkeit auf sämtlichen Ebenen mit seinem Glanz und seiner gelassenen Würde. Er ist der ruhende Pol und das seelische „Ruhekissen" für sie.

Hier, im warmen und weitläufigen Palast seiner aufrechten, herzlichen Liebe, kann sie sich nach Herzenslust gehen lassen; er verträgt schon einiges. Unserer dynamischen, sehr reiselustigen Schütze-Eva gelingt es, unseren zur Trägheit neigenden Löwe-Pascha beschwingt und sorglos zu neuen und aufregenden Abenteuern zu motivieren.

Hier lernt ein Löwe-Mann endlich wieder ein wenig Spontaneität, um die Taten und vor allem die Karriere, die ihm zusteht, nun endlich zu realisieren.

Und unserer oft allzu hektischen Schütze-Eva gelingt es, einen väterlich stützenden und beruhigenden Freund und sonnengleichen Liebhaber zu gewinnen, der ihre Zügellosigkeit geduldig mäßigt. Sie weiß es endlich zu schätzen, die Rolle der einzigen Herrscherin in seinem Herzen zu übernehmen.

Schütze-Frau und Jungfrau-Mann

Wohl eher eine Notlösung für unsere überschäumende Jupiter-Lady, falls sie es für angebracht halten sollte, angesichts einer engen und unbequemen Lebenssituation in die starken Arme eines gestandenen Jungfrau-Adams zu fliehen.

Für unsere in der offenen und freizügigen Liebeswelt bewanderte Schütze-Lady ist es nur eine vorübergehende Freundschaft, wenn auch Bett und Tisch miteinander geteilt werden.

Doch unser zarter Jungfrau-Mann wird ihr ganz verzweifelt hinterherjammern, wenn sie ihn in besseren Zeiten wieder verlassen wird.

„Es tut mir ja so leid für dich, aber ich habe da einen Brief von meine Ex-Mann bekommen ... und außerdem kann ich dir wirklich nicht mehr länger auf der Tasche liegen, du hast mich so wunderbar verwöhnt, wie kann ich das nur je wieder gutmachen, hier meine neue Nummer – ruf mich an, wenn du mich brauchst ..."

Und das meint sie wirklich alles ernst. Unser sprachloser Held dagegen versteht die Welt nicht mehr. Hat er sich doch eingebildet, der Mann zu sein, den sie braucht. Außerdem sieht sie blendend aus und hat auch einigen Sachverstand im Kopf: „Mensch, wie konnte ich nur so dämlich sein, mich auf sie einzulassen."

Wirklich schade für unseren Jungfrau-Adam, er dachte, dass nun mit ihr der ewige Frühling in sein Leben eingekehrt ist. Und nun ist er ganz einfach aus ihrem Herzen geworfen worden.

Denn unsere sich nach Abwechslung sehnende Schütze-Lady hat ihn zwar schon recht lieb gehabt, doch es fehlt in dieser kosmischen Konstellation der sprühende Funke, der ihre ganze Leidenschaft entfachen könnte.

Sicherlich gefällt unserem Merkur-Adam der wilde, verführerische Duft von spontan ausgelebter Lebenslust, aber auf Dauer ist ihm das zu energieverschwendend und unüberlegt. Irgendwann wird er dies auch so verstehen. Und ihr Verschwinden aus seinem Leben wird er dann etwas lockerer beurteilen. Diese ihm fehlende, sinnlich-emotionale Lebenslust wird er trotzdem nicht vergessen können.

Schütze-Frau und Waage-Mann
Im Grunde ein ideales Paar. Denn Feuer und Luft ergänzen sich hier auf harmonische Weise und bieten beiden einen Lebensrahmen, der sie nicht einengt, und wo beiden die nötige Energie für die Entfaltung der Persönlichkeiten gegeben ist.

Beide sind Lebenskünstler, die sich viel lieber in schöngeistigem Getue über Gott und die Welt ergehen, als sich konkrete Aufgaben, was Wirklichkeitsbewältigung, Existenz und Karriere betrifft, aufzuhalsen.

Beide sind Vertreter der Glücksplaneten Jupiter und Venus, und so soll auch ihr gemeinsames Leben verlaufen. Hier finden sich einander anspornende Künstlernaturen, die sich zusammen höchst kreativ verwirklichen können, die sich aber auch in haltlosem Geplauder über Belanglosigkeiten verlieren können.

Entweder sie entdecken die Kunst des Müßiggangs in allen Dingen und Vorhaben, oder nur ihr gemeinsamer Anspruch an Vollkommenheit und Exklusivität wird sie bereichern und zu ungeahnten Taten und Höhen menschlicher Existenz antreiben. Also eine kosmische Konstellation, die Großes birgt, aber leicht in Gefahr ist, in allzu selbstverständlichem Gehabe stecken zu bleiben, sodass die Talente beider Wesenskerne nicht zum Blühen kommen können. Trotzdem, einen Versuch ist diese kongeniale Partnerschaft immer wert.

Schütze-Frau und Skorpion-Mann
Eine brisante Konstellation. Ein erster Blick genügt und der knisternde Funke einer energetischen Leidenschaft springt über.

So schnell wie in kaum einer anderen Tierkreiszeichenkonstellation sind beide bei der Sache und stürzen sich Hals über Kopf in das wilde Schicksalsgetümmel. Aus dieser Verflechtung kommt keiner von beiden ohne einen harten Selbstbehauptungskampf heraus. Denn die verschiedenen Ansprüche an den Partner vertragen sich schon im Ansatz nicht. Ein Quell der Missverständnisse ist die Unvereinbarkeit von willensbetontem und freiheitsliebendem Feuerzeichen, und die Sogwirkung des Wasserzeichens auf die seelischen Kräfte.

Sicherlich überwindet am Anfang diese unkonventionelle und aufregende Liebesaffäre die bereits früh auftauchenden Streitereien.

Andererseits besitzen gerade die Skorpione eine Menge Gift – Zynismus und oft ätzende Kritik an den Schwachstellen und den Fehlern des anderen. Also keine leichte, „flockige“ Liebelei und sanfte Partnerschaft, sondern schnell ein Kampf bis auf's Messer. Dann weiß keiner mehr, warum man eigentlich noch zusammen ist.

Schütze-Frau und Schütze-Mann
In dieser seltenen Partnerkonstellation ist alles möglich, sind doch beide typische Jupiter-Kinder, die Glück und Erfüllung immer auf ihrer Seite haben. Dennoch kann diese leidenschaftliche Partnerschaft eine hektische, mitunter tragische Eigendynamik entwickeln. Da beide sich sehr ähneln in der Suche nach dem eigenen Ich, können sie sich im Partner widerspiegeln. Unter diesem Aspekt: eine ideale Partnerschaft.

Schütze-Frau und Steinbock-Mann
Das ist nichts für sie. Auch wenn er noch so viel Geld und Ansehen hat, wird sie es nach dem ersten Kontakt vorziehen, das Weite zu suchen.

Ist er für sie doch ein richtiger „Miesepeter“: Was soll sie denn bei ihm? Das Essen war ja wirklich exzellent, aber die gepflegte Konversation um den heißen Brei herum hat ihr schon nicht so recht gefallen; und dann diese Storys, was für ein „toller Hecht“ er gewesen sein soll, und all die beruflichen Erfolge, die er sich bis heute hart und zielstrebig erarbeitet hat. „Nun will er auch mich hart und zielstrebig erarbeiten, weiß Gott, ich kann mir was Aufregenderes vorstellen!“

Dem guten Schein zuliebe spielt sie doch nur ein wenig mit ihm und lässt sich dann bei der nächstbesten Gelegenheit nicht mehr blicken.

Und unser Steinbock-Adam wird auch bald merken, dass er sie mit seinen Ausführungen langweilt. Will er sich dann als erfahrener Frauenheld profilieren, wird ihm dies bei einer erfahrenen Schütze-Lady kaum je gelingen.

Keine Beziehung auf Dauer und auch kein heißes Liebesabenteuer, es sei denn, unsere feurige Amazone liebt es, „Steine zum Erglühen zu bringen“.

Schütze-Frau und Wassermann-Mann
Hier herrscht ein freundlicher Umgangston. Unser vergeistigter Wassermann, der gerne individuellen Talenten obskurer Natur nachgeht, findet in einer kameradschaftlichen Schütze-Eva eine ideale Unterstützung für seine Pläne zum Nutzen der Menschheit.

Und unsere freizügige Schütze-Lady bekommt von ihm die notwendige Freiheit für eine Partnerschaft, die nicht bei jeder Kleinigkeit nach Moral und Anstand schreit. Eine sinnvolle Ergänzung und Bereicherung zweier nach individueller Entfaltung strebender Persönlichkeiten: Sie lässt ihn mit seinen Ideen und Vorstellungen in Ruhe. Dafür darf sie auch mal für ein Wochenende oder gar länger mit einer Bekanntschaft aus ihrem großen Freundeskreis verreisen. Gerne bleibt unser eigensinniger Wassermann mal für sich alleine. Eine gemeinsame Wohnung kommt auch erst nach längerer Zeit des Kennenlernens in Betracht.

So haben wir es hier mit einer partnerschaftlichen Konstellation zu tun, die sich nichts im Hinblick auf Liebe und auf seelische Abhängigkeit vormachen will. Die persönliche Freiheit ist beiden weitaus wichtiger.

So besteht die wunderbare Chance, dass daraus eine tiefe und fruchtbare Partnerschaft auf Dauer wachsen kann. Aber es besteht auch die Gefahr, dass ihre gegenseitige Leidenschaft aufgrund ihrer zu kurzen Begegnungen verflacht und von beiden nur noch vorgespielt wird: „Nur nicht den anderen zu nahe an mich herankommen lassen, ich müsste ja ein Teil von mir an ihn/sie verlieren."

Falls beide diese Falle erkennen, ist die Partnerschaft zu retten.

Schütze-Frau und Fische-Mann

Eine etwas seltenere Konstellation, denn allzugleich sind beide im übertriebenen Gebrauch ihrer kosmischen Talente, und wer will schon mit einem Spiegelbild verheiratet sein.

Sicherlich ist nichts gegen ein inniges, spontanes „Tête-à-tête“ einzuwenden, sind doch beide wahre Lebenskünstler und Freunde des extravaganten Genusses. Doch eine stabile und belastbare Beziehung auf Dauer wird in den seltensten Fällen daraus entstehen.

Sie wird ihn einen haltlosen „Wüstling“ schimpfen, der nicht zu seinem Wort steht, sondern sein Fähnchen nach dem Winde dreht.

Und er wird ihr vorhalten, dass sie großzügige Anschauungen über diese Welt habe, aber es fehlt ihr an Ruhe und Beschaulichkeit, um den feinsten Strömungen der universellen Wahrheit näher zu kommen – ein Talent, mit dem unser fast schon übersinnlicher Fische-Mann besonders üppig ausgestattet wurde.

Hier kommt nun diese Unverträglichkeit von Feuer und Wasser wieder zum Vorschein. Die Gefahr des persönlichen Übertreibens und Ausmalens von sich und der Welt ist bei beiden vorhanden, sind doch beide im Zeichen des Planeten Jupiter geboren.

Dass bei unseren aalglatten Fische-Mann noch die verknebelten, illusionsfördernden Wesenskräfte des Planeten Neptun eine Rolle spielen, macht diese Partnerschaft nicht gerade leichter.

Berühmte Persönlichkeiten

In diesem Kapitel werden Ihnen einige berühmte Tierkreiszeichenvertreter – historische wie auch kulturelle Persönlichkeiten – vorgestellt. Hierbei geht es weniger um eine vollständige und umfassende Darstellung, vielmehr sollen die Tierkreis-typischen Verhaltensweisen, Charaktereigenschaften und „kleinen Eigenheiten" dieser Berühmtheiten herausgestellt werden.

Kaiser Nero (15.12.37)
Lucius Domitius Ahenobarus, wie er richtig hieß, war ein Vorläufer des Wiener Feuerkünstlers André Heller. Von seiner Inszenierung des pyrotechnischen Meisterwerks „Brand von Rom" spricht man heute noch. Dabei verstand er es in grausamer Konsequenz, das Angenehme mit dem Nützlichen zu verbinden: Er sparte sich einen Sanierungsplan für Rom. Es wahr ohnedies Zeit, die baufälligen Hütten beiseitezuschaffen. Und Nero löste das Problem mit dem für Schützen typischen Hang ins Gigantische. Außerdem wurde dadurch Platz frei für ein großzügiges Domizil namens Domus aurea. Heute steht dort das Kolosseum.

Nero erkannte bald, dass Regieren nichts für ihn sei. In seiner tiefen Brust schlug ein künstlerisches Herz. Die Olympischen Spiele hatten leider die Griechen gepachtet. Deshalb gründete er einfach seine eigene Olympiade. Dort nahm er an Wagenrennen teil, die er dank seiner sportlichen Geschicklichkeit stets gewann, nicht, wie boshafte Zungen behaupten, weil Linienrichter, die anders entschieden, nur noch zwischen dem Tiber oder dem Löwen in der Arena wählen konnten.

Doch Nero betätigte sich nicht nur sportlich. Als vielseitiger Mensch wandelte er als Kitharspieler durch die Lande (heute würden wir sagen: als parteiunabhängiger Liedermacher). Eine Reise durch Griechenland hat er auf diese Weise unternommen. Dass ihm bei seinen Auftritten neben Komplimenten auch noch andere Dinge an den Kopf geworfen wurden, ist eine Propagandalüge seiner weniger erfolgreichen Neider.

Leider konnte er seine kaiserlichen Pflichten nicht so ohne weiteres aufgeben. Doch der täglich Kleinkrieg mit Akten und Beamten nervte ihn. Die dezente Beseitigung seiner ehrgeizigen Mutter und seiner renitenten Gattin halfen auch nicht viel.

Schließlich kritisierten Senat und Volk seine Politik, und das war dem sensiblen Künstler zu viel. Er hatte sie ja gar nie gewollt. Wagenlenken und Lieder machen, das war sein Job. Politik war für ihn ohnedies etwas für phantasielose Jungfrauen oder ehrgeizige Steinböcke.

So inszenierte er das letzte Spektakel, er brachte sich um. Die Welt trauerte um einen begnadeten Happening-Inszenator. Allerdings behaupteten manche, es wurde ohnedies Zeit, und er wäre ein zügelloser und gewalttätiger Diktator gewesen.

Michel Nostradamus (14.12.1505)
Der große französische Seher, dessen Voraussagen heute vielleicht aktueller denn je sind, wurde

von einem Zeitgenossen folgendermaßen beschrieben: „Er war von robustem Körperbau, munter und kräftig. Er hatte graue Augen, einen sanften Blick, aber im Zorne wie aufleuchtend flammend, das Gesicht streng und lachend, von der Art, dass man an ihm mit der Strenge eine große Menschlichkeit verbunden sah; rote Wangen, zu sehen bis ins äußerste Alter, die Gesundheit gut und frisch und alle Sinne scharf und sehr ungeteilt.

Was den Geist angeht, hatte er ihn lebendig, lebhaft und gut, indem er alles, was er wollte, leicht verstand; feine, scharfsinnige Urteilskraft, sehr gut redend zur rechten Zeit; im Übrigen wachsam, umsichtig, flink und schnell, plötzlich, jähzornig, aber geduldig in der Arbeit. Er lobte und liebte die Freiheit der Rede, zeigte sich fröhlich, spaßhaft, halb beißend, halb freundlich lachend.

Er hieß die Zeremonien der Römischen Kirche gut ... und war den Armen gegenüber sehr freigiebig und mildtätig".

Und ein moderner Kritiker fügt hinzu: „Alles ist zweideutig bei Nostradamus: der Mensch, das Denken, der Stil."

Damit sind einige typische Schütze-Eigenschaften angesprochen: Offenheit, Direktheit und Ironie sowie eine Vorliebe für die etwas pompösen Zeremonien der Katholischen Kirche.

Die Zwiespältigkeit ist eher typisch für das Oppositionszeichen Zwillinge. Möglicherweise handelt es sich dabei auch nur um eine Schutzmaßnahme. Allzu deutlich wollte der begnadete Seher es seinen Zeitgenossen und Nachfahren auch nicht machen – und vielleicht seine Deuter über viele Jahrhunderte hinweg an der Nase herumführen.

Walt Disney (5.12.1901)

Selten verkörpern sich die Jupiter-Schütze-Eigenschaften in einem Menschen so rein wie bei dem weltberühmten Schöpfer von Micky Maus und Donald Duck. Er war nicht nur ein großartiger Künstler, sondern auch ein guter Geschäftsmann. Jede seiner Ideen und Erfindungen hat er auch außerhalb des angestammten Mediums zu gutem Geld gemacht. Vor allem aber war er ein hervorragender Unternehmer. Er schuf eine Industrie, und die blüht immer noch.

Seine Karriere begann er als Zeichner für Werbetrickfilme. Das Zeichen mit Kreide und Wasserfarben hatte ihm schon immer Spaß gemacht. Mit diesen Medien kann man schnell und großflächig malen und braucht sich um das Detail nicht allzu sehr zu kümmern.

In seinen Ideen und Unternehmungen war er der Zeit immer voraus. Er sah sehr schnell, was das Publikum wollte, was sich geschäftlich ausnützen ließ. So wurde der erste Film mit seiner Kreation namens Mickey Mouse gleich als Tonfilm produziert – Walt Disney selbst lieh der flinken Maus die Stimme.

Als alle noch Zeichentrickfilme für Pausenfüller hielten, entwarf Disney den ersten abendfüllenden Film dieser Art. Man riet ihm davon ab. Doch

Schneewittchen und alle seine Nachfolger gehören seit dieser Zeit zu den meistgespielten Filmen der Welt.

Disney aber rastete nicht. Neben seinen berühmten Tierfilmen erfüllte er sich einen Traum seiner Kindheit, als er Disneyland in Kalifornien schuf, einen gigantischen (und manche sagen: gigantisch kitschigen) Vergnügungspark. Auch er war wie alles, was Disney anpackte, sofort ein Erfolg. Danach nahm er ein noch größeres Projekt in Angriff: Disneywelt in Florida. Der Erfolg war so groß, dass die Traumwelt des weit blickenden Tierfreundes sogar nach Europa exportiert wurde.

Die Bewegungsszenen seiner Filme sind heute unerreicht. Auch kommt seine Liebe zur Natur und zu den Tieren immer wieder zum Vorschein. Nicht zuletzt war Disney immer auch Lehrer. Viele seiner Filme sind witzige und sehr anschauliche Lehrfilme. So öffnete er der Erziehung neue Dimensionen.

Papst Johannes XXIII (25.11.1881)
Mit bürgerlichem Namen hieß er „Roncalli“, und dabei denken wir heute an einen Zirkus. Diese Assoziation hätte den Papst mit der unkomplizierten Art sicher nicht gestört. Der Diplomat im Dienste Petri war für eine menschliche Auflockerung innerhalb der Kirche. Er bemühte sich um Kontakte mit anderen Kirchen und Politikern, auch aus dem Osten. Er betonte die Verantwortung der Kirche für den Weltfrieden. Das friedliche Zusammenleben der Völker lag ihm mehr am Herzen als die korrekte Einhaltung kirchlicher Dogmen.

Das Chinesische Horoskop

Der chinesische Mondkalender

Die chinesische Astrologie wird vom Mond beherrscht und nicht von der Sonne, wie der westliche Tierkreis. Der chinesische Mondkalender gilt als die älteste Zeitrechnung der Menschheit. Er wurde im Jahre 2637 v. Chr. von dem chinesischen Kaiser Huang-ti eingeführt.

Über die Entstehung des chinesischen Tierkreises gibt es eine alte Legende. Diese besagt, dass Buddha, als er die Erde verlassen wollte, alle Tiere zusammenrief, um sich von ihnen zu verabschieden. Doch nur zwölf Tiere folgten seinem Ruf. Zur Belohnung schenkte Buddha jedem Tier ein Jahr und zwar in der Reihenfolge ihrer Ankunft: Zuerst traf die Ratte ein, dann kamen nacheinander der Büffel, der Tiger, die Katze, der Drache, die Schlange, das Pferd, die Ziege, der Affe, der Hahn, der Hund und zuletzt das Schwein.

Jedes Tier beherrscht in einem Zyklus ein bestimmtes Jahr. Ein voller Zyklus umfasst sechzig Mondjahre und setzt sich aus fünf einfachen Zyklen von je zwölf Jahren zusammen. Danach beginnt der Zyklus wieder von vorne. Jedes Jahr ist auf diese Weise einem der zwölf Tiere zugeordnet.

Das jeweilige Tier charakterisiert das ihm unterstellte Jahr und beeinflusst das Leben der Menschen, die in diesem Jahr geboren wurden.

Wie auch in der westlichen Astrologie werden den zwölf chinesischen Tierkreiszeichen bestimmte

Qualitäten und Elemente zugeordnet, die sich jedoch von denen des westlichen Tierkreises unterscheiden. Dies sind die Qualitäten Yin und Yang und die Elemente Wasser, Feuer, Holz, Metall und Erde.

Die Bedeutung von Yin und Yang

Yin und Yang sind zwei Begriffe, die aus der alten chinesischen Philosophie stammen. Nach dem taoistischen Glauben existiert das Leben mit all seinen Erscheinungsformen durch die Bewegung von Energie zwischen zwei Polen, die als Yin und Yang bezeichnet werden. Sie sind die polare Energiemanifestation der kosmischen Urenergie, genannt Chi.
Yin und Yang sind ein Gegensatzpaar – wie männlich und weiblich, positiv und negativ oder zentripetal und zentrifugal –, durch das Leben entsteht. Die Polarität dieser Gegensätze finden wir in allen Lebensformen wieder. Dabei repräsentiert Yin den weiblichen Pol und wird mit den rezeptiven Kräften in Verbindung gebracht. Man ordnet Yin die Empfänglichkeit, die Intuition, die Nachgiebigkeit usw. zu. Yang ist der männliche, aktive Pol, dem die Initiative, das rationale Handeln, das logische Denken usw. entspricht.

Yin und Yang bilden eine Einheit, da sie sich genau ergänzen. Diese Einheit wird durch einen Kreis dargestellt – das Urprinzip allen Seins und Symbol der Harmonie. Das Gleichgewicht dieser beiden Kräfte ist daher auch verantwortlich für die Herstellung und Erhaltung der Harmonie, sei es im Körper, in der Seele oder im gesamten Kosmos. Aus diesem Grund hat auch jeder Mann (Yang) einen weiblichen Teil (Yin) in sich und jede Frau (Yin) einen männlichen (Yang), eine Vorstellung, die wir auch aus der westlichen Psychologie kennen (die so genannte Anima des Mannes und der so genannte Animus der Frau).

Die chinesischen Tierkreiszeichen werden entsprechend dieser Lehre in sechs Yin-Zeichen und sechs Yang-Zeichen unterteilt. Man sagt, der Yin-Typ sei eher introvertiert, fürsorglich, gefühlsbetont und intuitiv, während der Yang-Typ eher extrovertiert, individualistisch und unabhängig ist. Der Yin-betonte Mensch versucht sich im Kontakt mit anderen Menschen zu verwirklichen, während der Yang-betonte sein Gleichgewicht in sich selbst finden will. Yin-Menschen handeln eher überlegt, Yang-Menschen handeln meist aus einem spontanen Impuls heraus.

Die Tierkreiszeichen, die dem Yin-Prinzip zugeordnet werden, sind folgende: Ratte, Büffel, Katze, Affe, Hund und Schwein. Zum Yang-Prinzip gehören Tiger, Drache, Schlange, Pferd, Ziege und Hahn.

Die fünf Elemente

In der chinesischen Astrologie gibt es fünf Elemente: Metall, Wasser, Holz, Feuer und Erde. Wie Yin und Yang sind auch die fünf Elemente alle gleichwertig und hängen voneinander ab. Alle Elemente stehen in einer Wechselbeziehung zueinander, die wiederum für das Gesamtgleichgewicht ausschlaggebend ist.

Jedes Jahr wird mit einem Element verbunden. Daraus ergibt sich, dass jedes der zwölf Tierkreiszeichen wiederum mit einem bestimmten Element kombiniert wird. Um das Element zu finden, das Ihrem Geburtsjahr zugeordnet wird, können Sie den folgenden Schlüssel verwenden.

Wenn Ihr Geburtsjahr am Ende folgende Ziffern hat, entspricht ihm das in der Tabelle angegebene Element:

1 und 6 = Wasser
2 und 7 = Feuer
3 und 8 = Holz
4 und 9 = Metall
5 und 0 = Erde

Das Element Wasser

Menschen, die in einem Wasser-Jahr geboren wurden, sind gefühlsbetont und weich. Aber sie leben und handeln nach dem Motto: „Steter Tropfen höhlt den Stein“. Mit ihrer Ausdauer schaffen sie es, selbst den härtesten Fels zu

Sand zu zermahlen. Darüber hinaus hat Wasser die Eigenschaft, sehr flexibel zu sein. Dies bedeutet einerseits, dass Wasser-Menschen über eine gute Anpassungsfähigkeit verfügen, andererseits aber auch gerne den Weg des geringsten Widerstandes gehen. Besonders ausgeprägt ist die Intuition der in einem Wasser-Jahr Geborenen.

Das Element Feuer

Das Element Feuer verleiht Entschlusskraft und Selbstsicherheit. Menschen, die unter diesem Element geboren wurden, ergreifen gerne die Initiative und sind voller Schwung und Tatendrang. Im Gegensatz zu Wasser-Menschen sind sie eher ungeduldig. Sie reagieren sehr impulsiv, wobei sie oft dominant und egoistisch wirken. Wie ihr Element, besitzen sie ein feuriges Temperament, und wenn es mit ihnen durchgeht, können sie ziemlich hitzköpfig sein. Wenn der Feuer-Geborene sich jedoch im Zaum hält, liegt sein stärkstes Talent darin, die Dinge ohne zu zögern anzupacken und zielstrebig zu Ende zu führen. Was dabei herauskommt, ist meist sehr erfolgreich!

Das Element Holz

Menschen, die in einem Jahr des Holzes geboren wurden, sind sehr umgänglich, einfühlsam und vertrauenswürdig. Sie verstehen es ausgezeichnet, gemeinsam mit anderen große Projekte zu realisieren, wobei sie die Lorbeeren nicht für sich alleine ernten wollen. Holz-Geborene besitzen ein großzügiges Denken und viel Toleranz. Sie verfügen über ein gesundes Maß an Materialismus, den sie sich gut zu Nutze machen können. Das Element Holz birgt die Gefahr, dass man sich zu viel zumutet oder seine Möglichkeiten überschätzt.

Im besten Falle aber liegt die Begabung dieses Elements in der Realisierung großer Pläne und Aufgaben.

Das Element Metall

Wie das Element Metall, wirkt der in einem Metall-Jahr Geborene recht unbeugsam und starrköpfig. Wenn er sich ein Ziel gesetzt hat, lässt er sich durch nichts davon abbringen, es auch zu erreichen.

Dabei zieht er den Alleingang vor und lehnt jede Einmischung in seine Angelegenheiten energisch ab. Metall-Menschen müssen lernen, nicht immer mit dem Kopf durch die Wand rennen zu wollen, wenn die Sympathie anderer Menschen nichts aufs Spiel gesetzt werden soll – obgleich das „Wände einrennen" zugegebenermaßen eine der stärksten Seiten des Metall-Typs ist!

Das Element Erde

Der in einem Erde-Jahr Geborene ist praktisch und realistisch. Er besitzt einen gesunden Unternehmungsgeist, wobei er sich aber nie in unrealistische Pläne versteigt, sondern vielmehr solide Projekte auf die Beine stellt.

Seine Handlungen sind stets wohl überlegt und gründlich durchdacht, weshalb das, was er tut, meist auch bestens funktioniert. Sein Verantwortungsbewusstsein und seine Disziplin verdienen aufrichtige Bewunderung, obwohl er auf Vertreter anderer Elemente oft etwas zu konservativ und nüchtern wirkt. Doch alles, was ein Erdmensch anpackt, hat Hand und Fuß – und darüber hinaus ein absolut sicheres Fundament!

Der Weggefährte

Wie in der westlichen Astrologie spielt die Geburtszeit auch in der chinesischen eine besondere Rolle. Im westlichen Horoskop ergibt sich aus der Geburtszeit der so genannte Aszendent, dem im chinesischen der „Weggefährte" entspricht.

Die vierundzwanzig Stunden des Tages werden wiederum in zwölf Abschnitte unterteilt, die jeweils einem Tierkreiszeichen zugeordnet werden. Dabei beginnt der Tag des chinesischen Mondkalenders um 23 Uhr. Der Weggefährte beeinflusst die Qualität des Tierkreiszeichens, unter dem man geboren ist.

Jede der zwölf möglichen Kombinationen von Tierkreiszeichen und Weggefährten bewirkt eine spezielle Färbung der individuellen Persönlichkeit.

Um herauszufinden, welcher Weggefährte ihr Tierkreiszeichen begleitet, suchen Sie bitte in der folgenden Tabelle Ihre Geburtszeit. Das Tier, das in diesen Zeitabschnitt fällt, ist Ihr Weggefährte: Wenn Sie wissen wollen, wie der Weggefährte Ihr Tierkreiszeichen beeinflusst, lesen Sie bitte unter beiden Zeichen nach und kombinieren Sie die Eigenschaften beider miteinander. Sollten Sie unter einem Doppelzeichen geboren sein, das heißt, nach Ihrem Geburtsjahr und Ihrer Geburtsstunde sind Sie beispielsweise Ratte/Ratte, bedeutet dies, dass die Qualitäten dieses Tierkreiszeichens in Ihrer Persönlichkeit besonders markant sind und in Ihrem Leben besonders stark zum Ausdruck kommen.

Stundentabelle

23.00	- 1.00 Uhr	– Ratte
1.00	- 3.00 Uhr	– Büffel
3.00	- 5.00 Uhr	– Tiger
5.00	- 7.00 Uhr	– Katze
7.00	- 9.00 Uhr	– Drache
9.00	- 11.00 Uhr	– Schlange
11.00	- 13.00 Uhr	– Pferd
13.00	- 15.00 Uhr	– Ziege
15.00	- 17.00 Uhr	– Affe
17.00	- 9.00 Uhr	– Hahn
19.00	- 21.00 Uhr	– Hund
21.00	- 23.00 Uhr	– Schwein

Die Ermittlung Ihres chinesischen Tierkreiszeichens

Um Ihr „Haupttierkreiszeichen“, das so genannte „Jahreszeichen“, zu ermitteln, benötigen Sie die Jahreszahlentabellen, die Sie vor der Beschreibung jedes Tierkreiszeichens finden. Suchen Sie in den zwölf Tabellen nach Ihrem Geburtsdatum.

Auch hier unterscheidet sich der chinesische Kalender vom westlichen. Wie Sie aus den Tabellen ersehen werden, beginnt die Einteilung der Jahre nicht am ersten Tag des Monats. Das Jahr der Ratte beginnt beispielsweise am 31.01.1900 und endet am 19.02.1901. Daher sind Tabellen, die nur die Jahreszahlen angeben, ungenau. Wer am 10.02.1901 geboren ist, ist Ratte. Wer hingegen am 10.03.1901 geboren ist, ist Büffel.

Beispiel
Geburtsdatum: 22.01.1950, 4.30 Uhr

Um Ihnen die Suche in den zwölf Tabellen zu erleichtern, hier eine kleine Hilfestellung:

Die chinesischen Tierkreiszeichen, beginnend mit dem Zeichen Ratte im Jahre 1900, halten immer die gleiche Reihenfolge ein.

Das heißt:
1900 = Ratte, 1901= Büffel, 1902= Tiger, 1903= Katze, 1904 = Drache, usw. bis 1911 = Schwein. Das Jahr 1912 ist dann wieder ein Jahr der Ratte, 1913 = Büffel usw.

Wenn Sie, ausgehend vom Jahr 1900, solange mit 12 multiplizieren, bis Sie Ihr Geburtsjahr erreichen oder annähernd erreichen, können Sie bei jedem Zwölfer-Abschnitt mit der Ratte beginnen und bis zu Ihrem Geburtsjahr weiterzählen:

In unserem Beispiel heißt das: in (19)50 geht 12 viermal, Rest 2. Daraus folgt: 12 x 4 = (19)48 + 2 = (19)50.

Daraus ergibt sich: 1948 ist wieder ein Jahr der Ratte, 1949 ein Jahr des Büffels und 1950 ein Jahr des Tigers.

Da Geburtsdaten, die in die Monate Januar und Februar fallen, immer genau im Zeichenwechsel des chinesischen Tierkreises liegen, müssen Sie in diesem Fall in der Tabelle vor und nach dem Zeichen Tiger nach Ihrem Geburtsdatum suchen.

In unserem Beispiel finden wir den 22.01.1950 nicht in der Tabelle des Zeichens Tiger, da dieses erst ab dem 17.02.1950 beginnt. Da unser Datum vor dem 17.02.1950 liegt, suchen wir nun bei dem Zeichen, das vor dem Tiger kommt, nämlich Büffel.

Ihren Weggefährten finden Sie leichter: Sehen Sie in der Stundentabelle nach, in welchem Zeitabschnitt Sie geboren sind.

In unserem Beispiel ist die Geburtszeit 4.30 Uhr. In der Tabelle finden wir:

3.00 – 5.00 Uhr – Tiger.

Wenn Sie um 4.30 Uhr geboren sind, ist Ihr Weggefährte Tiger.

Auch Ihr Element finden Sie sehr leicht: Schlagen Sie dazu die Elementen-Tabelle auf. In unserem Beispiel endet das Geburtsjahr mit der Zahl 0. In der Tabelle finden wir:

5 und 0 = Erde.

Wenn Sie im Jahr 1950 geboren sind, ist Ihr Element Erde. Unser Beispiel ergibt insgesamt: Büffel/Tiger/Erde!

Um zu erfahren, welche individuelle Persönlichkeit der unter diesem Zeichen Geborene hat, lesen wir in Bezug auf unser Beispiel nun als Erstes unter „Büffel“ nach, dann unter „Tiger“ und „Erde“.

Um ein ganz exaktes Bild von Ihrer persönlichen Veranlagung zu erhalten, die Sie mit in dieses Leben gebracht haben, sollte auch das westliche Horoskop berücksichtigt werden. Die chinesischen Tierkreiszeichen, so wie sie hier dargestellt sind, können Ihnen zusätzliche Informationen über Ihre Persönlichkeit liefern. Man sollte sich aber immer vergegenwärtigen, dass die Kombination aller Zeichen Ihres Gesamthoroskops erst Ihre Individualität widerspiegelt, die bei der Vielzahl der Kombinationsmöglichkeiten tatsächlich einmalig ist.

Die zwölf chinesischen Tierkreiszeichen

Ratte

Yin; festes Element: Wasser
Chinesischer Name: Schu

Jahreszahlentabelle Ratte

31.1.1900 – 19.2.1901
18.2.1912 – 6.2.1913
5.2.1924 – 25.1.1925
24.1.1936 – 11.2.1937
10.2.1948 – 29.1.1949
28.1.1960 – 15.2.1961
15.2.1972 – 2.2.1973
2.2.1984 – 19.2.1985
19.2.1996 – 6.2.1997
7.2.2008 – 25.1.2009

(Die angegebenen Daten beziehen sich auf den ersten und den letzten Tag im Jahr des betreffenden Zeichens.)

Die Ratte-Persönlichkeit
Ganz im Gegensatz zu der Vorstellung, die wir von der Ratte im Naturreich haben, sagt man den in einem Ratte-Jahr geborenen menschlichen Vertretern dieses Tierkreiszeichens ausgesprochen positive Qualitäten nach. Es heißt, die Ratte sei attraktiv, charmant, liebenswert und verführerisch. Darüber hinaus zeigt sie auch noch einen Hang zum Besonderen.

Der Ratte-Geborene tanzt gerne aus der Reihe – und auch gerne auf dem Glatteis. Mittelmäßigkeit ist ihm ein Gräuel und Langeweile sein ärgster Feind. Aus diesem Grund übertritt er mit Vorliebe Verbote, Anstandsregeln und Tabus. Sie können sich sicherlich vorstellen, dass diese Mischung aus Exzentrik und kapriziösem Verhalten auf den ersten Blick eine starke Faszination ausüben kann.

Die Ratte besitzt eine fast magische Anziehungskraft auf ihre Mitmenschen, was nicht verwundert, wenn man ein wenig tiefer in die Geheimnisse ihrer Persönlichkeit eindringt.

Ratte-Menschen geben nur ungern ihre tiefen und innersten Geheimnisse preis. Der Wunsch des Ratte-Menschen, lieber selbst alles im Griff zu haben, resultiert aus einem extremen Sicherheitsbedürfnis. Und um dieses Bedürfnis zu befriedigen, ist er mit einem gesunden Maß an Aggressivität, Durchsetzungswillen, Berechnung und Listigkeit ausgestattet.

Doch wie bei allem im Leben gibt es auch hier eine Kehrseite der Medaille: Ratte-Menschen sind tatkräftig, kreativ, phantasiereich, originell, kontaktfreudig und unterhaltsam. Kein Wunder, dass sie ein wahres Führungstalent besitzen, wie wir bei den berühmten Vertretern dieses Tierkreiszeichens sehen werden.

Die Ratte und ihr Gefühlsleben

Ratte-Menschen sind ausgesprochen gefühlsbetont und vor allem sehr, sehr leidenschaftlich.

Wenn sie glücklich sind und sich geliebt und verstanden fühlen, mangelt es ihnen nicht an Treue. Darüber hinaus besitzen Sie mit der Liebe einer Ratte nicht nur ihre Treue, sondern auch ihre Kameradschaft und volle Unterstützung. Vor anderen verteidigt die Ratte ihren Partner bis aufs Messer.

Doch eines sollten Sie vermeiden: Enttäuschen Sie Ihre Ratte nicht, und lassen Sie sie nicht allzu oft allein. Obwohl wir es in diesem Fall mit einem wahrhaftigen Außenseiter zu tun haben, hat der Ratte-Geborene viel Familiensinn.

Wie wir bereits wissen, legen Ratten keinen besonderen Wert auf Traditionen und Konventionen. Doch das Chaos, das einem bei oberflächlicher Betrachtung im Heim einer Ratte entgegenschlägt, entpuppt sich bei genauerem Hinsehen als wohl geordnet. Es ist eben alles nicht ganz so, wie man es gewöhnt ist, und schon gar nicht, wie man es erwartet.

Hier einige Tipps für ein harmonisches Zusammenleben mit Ihrem Rattepartner. Als Erstes sollten Sie Ihre leidenschaftlichen Gefühle auf keinen Fall verbergen. Im Gegenteil: Ihre Ratte liebt Vulkanausbrüche! Wenn Sie Ihre Ratte betrügen, müssen Sie damit rechnen, dass sie sofort zum Gegenschlag ausholt und sie – fast augenblicklich – „zurück-betrügt".

Falls Ihre Ratte Sie betrügt, war dies ein reines Versehen. Sie werden sicherlich Verständnis dafür aufbringen, sobald Ihre Ratte ihr Plädoyer gehalten hat. Sie werden ein aufrichtiges Schuldeingeständnis mit all den dazugehörigen und absolut einsichtigen Gründen für dieses Missgeschick erhalten.

Ratte-Menschen sind sehr gute Eltern. Wenn Sie Ihre Ratte nicht zu einer sofortigen Annullierung der Ehe zwingen wollen, sollten Sie Ihre Flitterwochen nicht unbedingt pauschal buchen. Geregelte Frühstückszeiten, Vollpension und womöglich ein fester Liegestuhl mit Sonnenschirm am Strand sind für den Ratte-Geborenen ein sicherer Scheidungsgrund.

Und noch etwas, wie Sie das Herz Ihrer Ratte betören können: Schenken Sie Ihrer Ratte zum Geburtstag nicht immer nur Dinge, die wir gewöhnlich als nützlich betrachten. Sicherlich liebt Ihre Ratte-Dame einen gut ausgestatteten Haushalt und Ihr Ratte-Mann eine beeindruckende Bücherwand.

Der Weg zum Erfolg im Zeichen Ratte

Die Ratte liebt ihre Unabhängigkeit. Darüber hinaus ist sie ein ausgesprochener Individualist. Ihr Talent besteht als Erstes darin, zu beweisen, dass alle festen Regeln und Gewohnheiten mit einem Handstreich zunichte gemacht werden können.

Wie klettert eine Ratte die Erfolgsleiter hinauf? Nun, bekanntlich sind Ratten Nagetiere. Also wird die Ratte den sprichwörtlichen Stuhl nicht absägen, sondern durchnagen. Weil sie dies vornehmlich im Dunkeln tut, kann es sein, dass Sie nichts davon bemerken, bis Sie umkippen.

Berühmte Ratte-Persönlichkeiten
Konrad Adenauer, Johann Sebastian Bach, Marlon Brando, Prinz Charles, Doris Day, Mata Hari, Wolfgang Amadeus Mozart, Ronald Reagan, William Shakespeare, Donna Summer.

Büffel

Yin; festes Element: Wasser
Chinesischer Name: Nyu

Jahreszahlentabelle Büffel

19.2.1901	–	8.2.1902
6.2.1913	–	26.1.1914
25.1.1925	–	13.2.1926
11.2.1937	–	31.1.1938
29.1.1949	–	17.2.1950
15.2.1961	–	5.2.1962
3.2.1973	–	22.1.1974
20.2.1985	–	8.2.1986
7.2.1997	–	27.1.1998
26.1.2009	–	13.2.2010

Die Büffel-Persönlichkeit
Der Büffel ist ein sehr erdverbundenes Zeichen. Das bedeutet, dass er es mit seiner bewundernswerten Geduld und Ausdauer Schritt für Schritt zu beträchtlichem Wohlstand bringt. Seine Hartnäckigkeit und sein Pflichtbewusstsein sind der Grund, warum ihm manche Menschen vorwerfen, er sei ein „Dickschädel". Er ist ein unermüdlicher Arbeiter, und alles, was er anpackt und angeht, hat Hand und Fuß.

Alles, was ein Büffel-Geborener anpackt, gelingt auch meist. Wenn er eine Aufgabe übernimmt, plant er sie mit Methode und führt sie zuverlässig zu Ende. Dabei nimmt er sich Zeit, anstatt überhastet und unbedacht darauf los zu stürmen.

Wenn er dies erledigt hat, sollten Sie sich in Acht nehmen, denn plötzlich stürmt der Büffel los. Wenn dieser kraftstrotzende Zeitgenosse erst einmal aktiv geworden ist, kann ihn nichts mehr bremsen, und Sie sollten besser das Feld räumen, wenn er über die Prärie donnert.

Manchmal macht der Büffel den Eindruck, als sei er die Ruhe selbst. Das ist er auch, solange Sie so klug sind, ihn nicht zu provozieren. Wenn ein Büffel tobt, können Sie sich nur noch in Sicherheit bringen, bis sich der Sturm wieder gelegt hat!

Obwohl der Büffel ein Herdentier ist, bleibt er immer ein Individualist. Er liebt seine Unabhängigkeit, ist originell und lebt nach seinen eigenen Prinzipien. Versuchen Sie daher nicht, ihn zu ändern. Vielmehr vertrauen Sie ihm, so wie er ist. Und das können Sie blind, denn es heißt, der Büffel sei das vertrauenswürdigste, ehrlichste und treueste Zeichen.

Der Büffel und sein Gefühlsleben

Obwohl der Büffel-Geborene seine Unabhängigkeit liebt und so leben will, wie es ihm gefällt, besitzt er all die Eigenschaften, die man an einem Lebenspartner schätzt. Sicherheit spielt bei einem Büffel eine große Rolle. Er geht feste und dauerhafte Beziehungen ein und ist seinem Partner treu ergeben. Er hält nichts von kurzen Liebesromanzen und flüchtigen Abenteuern, weshalb etwas flatterhaft veranlagte Menschen bei ihm auf Granit beißen.

Wenn Sie einen Büffel lieben, sollten Sie sich an praktischen Dingen erfreuen können. Ihr Büffel schätzt es nicht, sein Geld für unnützen Firlefanz auszugeben. Und für überschwängliche Liebesbeteuerungen hat er meistens keine Zeit.

Wie Sie bereits wissen, reagiert der Büffel sehr empfindlich auf das sprichwörtliche rote Tuch. Deshalb sind Sie gut beraten, es nicht unbedingt auf die Spitze zu treiben.

Wenn Sie ein Heim und eine Familie gründen wollen, ein gesichertes Einkommen und Ihren Lebensabend mit einem beachtlichen Bankguthaben und einem komfortablen Eigenheim verbringen wollen, sollten Sie sich einen Büffel an Land ziehen.

Der Weg zum Erfolg im Zeichen Büffel
Wie wir bereits wissen, ist der Büffel ein zäher, zielstrebiger und ausdauernder Arbeiter.

Darüber hinaus lässt er sich keine Vorschriften machen, dafür ist er schlichtweg zu unabhängig und individualistisch veranlagt. Vielmehr entspricht es eher seiner Natur, die Regeln selbst zu bestimmen. Aus diesem Grund ist der Büffel-Geborene nicht dazu bestimmt, eine Position zu bekleiden, in der er nichts zu sagen hat. Der Büffel hat das Gefühl, dass er seine Arbeit selbst am besten erledigen kann. Daher lehnt er Hilfe meistens ab.

Büffel sind keine Träumer und bauen keine Luftschlösser. Sie sind praktisch und realistisch, und so gehen sie auch an ihre Projekte heran. Daher kann man sicher sein, dass ein Büffel-Geborener die Pläne, die er in Angriff nimmt, auch verwirklichen wird – und noch dazu mit großem Erfolg.

Berühmte Büffel-Persönlichkeiten
Aristoteles, Richard Burton, Willy Brandt, Gary Cooper, Charlie Chaplin, Prinzessin Diana, Walt Disney, Hermann Hesse, Hildegard Knef, Jack Nicholson, Robert Redford, Vanessa Redgrave.

Tiger

Yang; festes Element: Holz
Chinesischer Name: Hu

Jahreszahlentabelle Tiger

8.2.1902 – 29.1.1903
26.1.1914 – 14.2.1915
13.2.1926 – 2.2.1927
31.1.1938 – 19.2.1939
17.2.1950 – 6.2.1951
5.2.1962 – 25.1.1963
23.1.1974 – 10.2.1975
9.2.1986 – 28.1.1987
28.1.1998 – 15.2.1999
14.2.2010 – 2.2.2011

Die Tiger-Persönlichkeit
Der Tiger gilt als ein Glückszeichen. In China schreibt man diesem königlichen Tier Macht und Kühnheit zu.

Daher der Glaube, der Tiger sei ein Zeichen des Schutzes, das Kraft verleiht. Die chinesischen Astrologen sagen jedoch auch, dass das Leben der Tiger-Geborenen sehr risikoreich sein kann. Der Tiger gilt als wagemutig, leichtsinnig und abenteuerlustig, was ihn manchmal in Gefahr bringen kann.

Der Tiger-Geborene sprüht vor Lebenslust. Er ist ständig in Aktion, und seine Energie scheint unerschöpflich.

Sein unerschütterlicher Optimismus bewahrt ihn davor, sich um materielle Dinge und ein gesichertes Leben kümmern zu müssen. Der Tiger sorgt sich wenig darum, Geld zu verdienen.

Trotzdem hat er meistens genug Geld und gibt es genauso großzügig wieder aus, um bald darauf wieder im Geld zu schwimmen. Man möchte nun glauben, dass er dafür hart arbeiten muss oder eine geniale Erfindung gemacht hat. Aber dem ist nicht so. Der Tiger hat ganz einfach Glück – und eine Menge Fans, die ihn immer gerne großzügig unterstützen.

Tiger sind leidenschaftlich, gefühlvoll und sehr menschlich. Logischen Argumenten gegenüber sind Tiger nicht so aufgeschlossen, dafür aber umso mehr Lob und Streicheleinheiten.

Das Leben des Tigers ist oft so chaotisch, dass ein anderer glatt Selbstmord begehen würde. Aber nicht so der Tiger, den Sodom und Gomorrha noch lange nicht aus der Fassung bringen können. Und wenn ihm eine Sache doch etwas zu heiß wird, rettet er sich mit einem eleganten Sprung und landet wieder sicher auf allen Vieren!

Obwohl man es nach all dem kaum glauben möchte, besitzen Tiger eine ausgesprochen treue Seele. Sie sind großzügig und haben einen ausgeprägten Gerechtigkeitssinn. Freiheit geht ihnen über alles, vor allem ihre eigene. Jeder, der versucht, sie einzuengen oder ihnen sogar Zwänge oder Regeln aufzuerlegen, lernt das Raubtier in ihnen kennen.

Der Tiger und sein Gefühlsleben

Es ist nicht schwer zu erraten, dass der Tiger sich nicht gerne an die Kette legen lässt. Sollten Sie es dennoch versuchen, werden Sie sehr bald feststellen, dass Sie an Ihrem faszinierenden König des Dschungels keinen besonderen Spaß mehr haben. Aber eines kann Sie beruhigen: Der Tiger ist von Natur sehr treu.

Tiger sind überaus gefühlvoll und großzügig. Darüber hinaus hassen sie jegliche Heuchelei. Was ein Tiger sagt, das meint er auch so. Daher wird er Sie auch nicht belügen.

Wenn Sie sich einen Tiger einfangen wollen, machen Sie sich rar. Tiger machen nicht gerne leichte Beute und lieben die Eroberung.

Ein Tiger kommt sein Leben lang nicht aus der Sturm-und-Drang-Zeit heraus. Wenn Sie sich also zu einem Tiger gesellen wollen, ist das Einzige, was absolut sicher ist, dass es Ihnen nie langweilig wird.

Der Weg zum Erfolg im Zeichen Tiger

Mit seiner Dynamik und seinem Optimismus scheut der Tiger kein Risiko. Er lässt sich auf die waghalsigsten Unternehmungen im blinden Vertrauen ein, dass ihm das Glück schon hold sein wird.

In einer Position, in der seine Freiheit eingeschränkt ist, wird man einen Tiger kaum finden und wenn, dann nicht sehr lange. Klarer Fall, dass er der Herrscher ist, und wer dies in Frage stellt, wird sehr bald eines Besseren belehrt werden.

Der Tiger ist ein Erfolgstyp. Aber er will im Alleingang zu Ruhm und Ehren gelangen und lehnt jede Einmischung in seine Angelegenheiten ab. Nur wenn er das Gefühl hat, es ganz alleine geschafft zu haben, empfindet er seinen Sieg als wahren Triumph.

Auch im Berufsleben braucht der Tiger Bewegung. Daher kann es passieren, dass er öfter eine neue Beschäftigung braucht, weil ihm die alte zu langweilig geworden ist.

Als Selfmade-Typ wird er wohl kaum beständig eine Stufe nach der anderen die Karriereleiter hinaufklettern. Er nimmt die ganze Leiter mit einem

Satz, und wenn ihm das nicht auf Anhieb gelingt, probiert er lieber gleich eine andere Leiter aus.

Berühmte Tiger-Persönlichkeiten
Prinzessin Anne, Königin Elisabeth II., Alec Guinness, Thor Heyerdahl, Marilyn Monroe, Elisabeth Kübler-Ross, Romy Schneider.

Katze

Yin; festes Element: Holz
Chinesischer Name: Tu

Jahreszahlentabelle Katze

29.1.1903 – 16.2.1904
14.2.1915 – 3.2.1916
2.2.1927 – 23.1.1928
19.2.1939 – 8.2.1949
6.2.1951 – 27.1.1952
25.1.1963 – 13.2.1964
11.2.1975 – 30.1.1976
29.1.1987 – 16.2.1988
16.2.1999 – 4.2.2000
3.2.2011 – 22.1.2012

Die Katze-Persönlichkeit
Allen Sprichwörtern zufolge hat die Katze sieben Leben. Ebenso herrscht in China der Glaube, dass das Tierkreiszeichen der Katze ein Symbol der Langlebigkeit ist. Die Katze gibt ein Bild vollendeter Grazie, Eleganz und Harmonie ab. Wie ihre Artgenossen aus dem Tierreich sind auch die menschlichen Vertreter dieses Zeichens ausge-

sprochen geschmeidig und gewandt. Sie verfügen über diplomatisches Geschick und vermeiden, wenn möglich, jeden Streit oder Konflikt.

Katzen sind eher vorsichtig und gehen der Gefahr aus dem Weg. Wenn man sie jedoch in die Enge treibt und ihnen kein anderer Ausweg bleibt, zeigen sie die Krallen und beweisen, dass sie doch eine entfernte Verwandschaft mit einem Raubtier haben.

Mit ihrer warmherzigen, feinfühligen und geselligen Art sind Katzen sehr beliebt als Gastgeber, Freund, Kollege und Partner. Sie glänzen gerne in einem kleinen, vertrauten Kreis, während sie draußen in der Welt eher zurückhaltend und vorsichtig sind.

Alles Unvorhergesehene ist einem Katze-Geborenen sehr verhasst. Ein unerwartetes Ereignis, auf das er sich nicht lange vorbereiten konnte, bringt ihn völlig aus dem Gleichgewicht.

Eine Katze erreicht ihre Ziele niemals dadurch, dass sie mit dem Kopf durch die Wand rennt. Im Gegenteil, sie setzt ihren Willen mit Takt und viel Geschick durch. Sie besitzt ein ausgeprägtes Fingerspitzengefühl für die Art, wie man mit anderen Menschen am besten verhandelt. Daher hat sie auch eine glückliche Hand für gute Geschäfte.

Katzen sind auf charmante und ganz bezaubernde Art raffiniert. Sie schaffen es, ihren ärgsten Feind so geschickt zu umgarnen und ihm so gekonnt zu schmeicheln, dass er glatt dahinschmilzt und ins feindliche Lager überwechselt.

Stress ist für die Katze ein Fremdwort, und wenn jemand versucht, sie anzutreiben, verkriecht sie sich erst einmal hinter dem Ofen, und niemand kann sie so schnell wieder hervorlocken. Katzen sind die geborenen Lebenskünstler.

Die Katze und ihr Gefühlsleben
Katzen sind verständnisvoll und feinfühlig. Wenn Sie jemandem Ihr Herz ausschütten wollen, sind Sie bei einer Katze am richtigen Platz. Wenn Sie aber jemanden brauchen, der Sie bis aufs Messer verteidigt oder sein letztes Hemd für Sie opfert, sollten Sie besser einen Tiger oder einen Hund aufsuchen. Einer Katze dürfen Sie nicht allzu sehr zur Last fallen. Das bringt sie aus der Ruhe!

Da Katzen sehr viel Liebe und Zärtlichkeit brauchen und darüber hinaus auch noch überaus intelligent sind, wissen sie genau, wie sie sich ihre Bedürfnisse erfüllen können. Sie umschmeicheln ihre Auserwählten so liebevoll, dass diese ihren Liebesbezeugungen nicht widerstehen können und meistens nachgeben.

Der Katze-Geborene braucht ein sicheres, warmes Nest, in dem er sich rundherum wohlfühlen kann. Wenn er es einmal gefunden hat, wird er es so schnell nicht wieder verlassen.

Der Weg zum Erfolg im Zeichen der Katze
Die Katze ist der geborene Diplomat, daher kommt sie gut mit anderen Menschen zurecht.

Auch das Rampenlicht tut ihren Augen weh, und sie macht nicht gerne viel Lärm um sich. Ihr Privatleben ist der Katze wesentlich wichtiger als beruflicher Erfolg.

Aber in manchen Situationen macht die Katze das Rennen, während einige Vertreter anderer Zeichen gar nicht bemerken, dass sie gerade dabei sind, von diesem harmlosen, stets freundlichen und zuvorkommenden Wesen elegant und charmant vor die Tür gesetzt zu werden.

Aus sicherer Distanz bewahrt sie den vollen Überblick, und ihren wachsamen Augen und Ohren entgeht nichts, was von Bedeutung ist.

Berühmte Katzen-Persönlichkeiten
Albert Einstein, Agatha Christie, Joachim Fuchsberger, Dieter Hildebrandt, Gina Lollobrigida, Karl May, Henry Miller, Roger Moore, Frank Sinatra, Tina Turner, Orson Welles.

Drache

Yang; festes Element: Holz
Chinesischer Name: Lung

Jahreszahlentabelle Drache

16.2.1904 – 4.2.1905
3.2.1916 – 23.1.1917
23.1.1928 – 10.2.1929
8.2.1940 – 27.1.1941
27.1.1952 – 14.2.1953

13.2.1964 – 2.2.1965
31.1.1976 – 17.2.1977
17.2.1988 – 5.2.1989
5.2.2000 – 23.1.2001
23.1.2012 – 9.2.2013

Die Drache-Persönlichkeit
Dieses Fabeltier sprüht vor Vitalität und Energie. Drachen sind faszinierend und erschöpfend zugleich. Was sie am meisten hassen, ist der fade Alltag mit seiner farblosen Routine. Daher tun sie alles, um ihr Leben möglichst chaotisch zu gestalten und überall Unordnung zu schaffen, um jeglicher Monotonie vorzubeugen.

In China gilt der Drache als das Symbol des Kaisers und der Macht.

Aber es gibt einen kleinen Trick, wie man sich bei einem Drachen Gehör verschaffen kann: Rühren Sie an sein großes Herz!

Wenn ein Drache kämpft, erscheint ein Vulkanausbruch im Vergleich dazu eher harmlos. Wie ein Feuersturm fegt er übers Land und hinterlässt eine Wüste, ohne mit der Wimper zu zucken.

Der Drache braucht eine Aufgabe, für die er seine überschüssige Kraft einsetzen kann, sonst steht er ständig unter Druck, und das bekommt ihm nicht besonders gut.

Auch in den größten Schwierigkeiten lässt sich ein Drache nicht unterkriegen. Er gibt sich niemals geschlagen, selbst wenn eine Sache noch so aussichtslos erscheint. Und kommen Sie ihm nicht mit Vernunft oder logischen Argumenten! Dann verrennt er sich nämlich nur noch mehr!

Der Drache und sein Gefühlsleben
Nach allem, was Sie bereits über den Drachen wissen, können Sie sich sein Gefühlsleben sicherlich lebhaft vorstellen. Der Drache besitzt ein riesengroßes Herz und ein feuriges Temperament. Wenn er liebt, dann mit Haut und Haaren und ohne lange Umschweife.

Wenn Sie von einem Drachen erobert worden sind, werden Sie sich als Auserwählter und obendrein als der glücklichste Mensch der Welt vorkommen! Drachen sind nämlich unwiderstehlich. An der Seite eines Drachen erstrahlt man selbst in seinem schönsten Licht. Sie fühlen sich in seiner Gegenwart einfach großartig.
Einen Drachen zu erobern, ist nicht einfach, denn er tut das sehr gerne selbst.

Der Weg zum Erfolg im Zeichen Drache
Wenn ein Drache die Erfolgsleiter erklimmt, bleibt dies nicht unbemerkt. Er nimmt sie im Sturm, wobei er kaum Notiz davon nimmt, wenn andere dabei auf der Strecke bleiben. Dort, wo alle anderen längst aufgegeben haben, wird es für den Drachen erst richtig interessant. Wenn Sie ihn zur Weißglut bringen oder gar hinausekeln wollen, langweilen Sie ihn mit Routinearbeiten oder bürokratischem Papierkram.

Was der Drache braucht, ist eine ihm angemessene Aufgabe. Er muss Pionierleistungen erbringen und als Erster den Mount Everest besteigen. Da ihm hier leider schon jemand zuvorgekommen ist und auch Kolumbus schon vor ihm in Amerika war, ist seine berufliche Laufbahn häufig recht kurvenreich. Der Drache muss experimentieren und oft mehrere Berufe ausüben.

Berühmte Drache-Persönlichkeiten
Salvador Dalí, Kirk Douglas, Faye Dunaway, Jean Gabin, John Lennon, Jeanne Moreau, Anthony Quinn, Gregory Peck, Ringo Starr.

Schlange

Yang; festes Element: Feuer
Chinesischer Name: Schi

Jahreszahlentabelle Schlange

4.2.1905 – 25.1.1906
23.1.1917 – 11.2.1918
10.2.1929 – 30.1.1930
27.1.1941 – 15.2.1942
14.2.1953 – 3.2.1954
21.2.1965 – 21.1.1966
18.2.1977 – 6.2.1978
6.2.1989 – 26.1.1990
24.1.2001 – 11.2.2002
10.2.2013 – 30.1.2014

Die Schlange-Persönlichkeit
In China gilt die Schlange als die Verkörperung der Weisheit. Und auch andere Vorurteile, die wir im Allgemeinen gegenüber ihren Vertretern aus

dem Tierreich haben, müssen wir korrigieren. Schlangen verfügen über magische Kräfte und übersinnliche Fähigkeiten. Mit ihrer ausgeprägten Intuition sind sie für andere Menschen daher oft rätselhaft und geheimnisvoll.
Schlange-Geborene sind ein Vorbild an Eleganz und Ästhetik.
Schlangen verstehen es, sich gut und teuer zu kleiden, und auch sonst ist alles, was sie besitzen, nur vom Feinsten. Wenn Sie einer Schlange eine Freude machen wollen, gehen Sie mit ihr in den besten Juwelierladen am Platz.

Der Schlange-Geborene verliert nicht einmal angesichts der größten Katastrophe die Nerven. Wie ein Fels in der Brandung bleibt er stets geistesgegenwärtig und meistert die Lage mit Bravour.

Die Schlange und ihr Gefühlsleben
Die Schlange erwartet bedingungslose Treue. In der Liebe kennt sie kaum Kompromisse. Wenn sie ein Opfer auserkoren hat, hypnotisiert sie es, was ihr mühelos gelingt. Danach verschlingt sie es mit Haut und Haaren. Wenn Sie nicht bereit sind, sich ganz und gar in Besitz nehmen zu lassen, sollten Sie versuchen, den Verführungskünsten einer Schlange nicht zu erliegen. Was für andere gilt, muss aber noch lange nicht für die Schlange gelten. Sie selbst nimmt es mit der Treue nicht allzu genau, und in Besitz nehmen lässt sie sich auch nicht so gerne. Sie hat ihre eigenen Vorstellungen von Treue.

Wenn Sie eine Schlange zum Partner haben, wird es Ihnen nicht an interessantem Gesprächsstoff mangeln. Schlangen sind ausgesprochen gute Unterhalter. Sie führen gerne tief schürfende, philosophische Gespräche.

Wenn eine Schlange glücklich und zufrieden ist, ist sie ein sehr umgänglicher Gefährte. Sie kann überaus verständnisvoll und tolerant sein.

Der Weg zum Erfolg im Zeichen Schlange
Schlangen haben kein besonderes Bedürfnis nach Erfolg. Was sie wollen, lässt sich auf einen einfachen Nenner bringen. Sie wollen so leben können, wie es ihnen gefällt. Dies heißt im Klartext: Eine Schlange möchte ein ruhiges und komfortables Leben führen und morgens nicht aus dem warmen Bett kriechen müssen.

Wenn sie nicht bereits als Millionär geboren wurden und daher zur Arbeit gezwungen sind – die ihnen gar nicht liegt – entwickeln daher auch Schlangen eine gesunde Portion Ehrgeiz und Zielstrebigkeit.

Sie besitzen genau die richtige Mischung von Charme, Kaltblütigkeit, Intelligenz, Einfühlungsvermögen und gutem Riecher, um ihre Chance wahrzunehmen, wenn sie gekommen ist und mit einem gezielten Biss zuzuschlagen.

Berühmte Schlange-Persönlichkeiten
Julie Christie, Bob Dylan, Aretha Franklin, Indira und Mahatma Gandhi, Greta Garbo, John F. Kennedy, König Ludwig II. von Bayern, Robert Mitchum, Pablo Picasso, Edgar Allan Poe, Jean Paul Sartre.

Pferd

Yang; festes Element: Feuer
Chinesischer Name: Ma

Jahreszahlentabelle Pferd

25.1.1906 – 13.2.1907
11.2.1918 – 1.2.1919
30.1.1930 – 17.2.1931
15.2.1942 – 5.2.1943
3.2.1954 – 25.1.1955
21.1.1966 – 9.2.1967
7.2.1978 – 27.1.1979
27.1.1990 – 14.2.1991
12.2.2002 – 31.1.2003
31.1.2014 – 18.2.2015

Die Pferd-Persönlichkeit

Kaum ein anderes Tierkreiszeichen ist so freiheitsliebend wie das Pferd. Es braucht viel Auslauf, und zwar sowohl geistig als auch gefühlsmäßig. Was den Pferden fehlt, ist Ausdauer und Stabilität. Dafür sind sie aber umso flexibler und wendiger. Sie können in jeder Situation sofort reagieren.

Was den Pferd-Geborenen Schwierigkeiten macht, sind ihre häufigen Stimmungsschwankungen. Sie leiden unter ihren Launen. Da sie von einem Extrem ins andere verfallen, ist ihr Gemütszustand nur selten ausgeglichen.

Es heißt, dass Pferde ziemlich egozentrisch seien. Das stimmt auch insofern, als sie gerne im

Mittelpunkt stehen und sich oft wie ein Kind im Trotzalter benehmen. Dabei sind sie nicht wirklich egoistisch. Sie wollen nur um jeden Preis das Gefühl haben, vollkommen frei zu sein, und das bedeutet eben, dass alles nach ihrer Pfeife tanzt. Außenstehende empfinden das Pferd daher als ziemlich rücksichtslos.

Doch wie jeder Mensch, hat auch der Pferd-Geborene seine Schokoladenseite. Er ist offen und macht keine langen Umschweife, sodass man immer weiß, woran man bei ihm ist. Darüber hinaus ist er sehr gesellig und ein ergebener Freund, mit dem man im wahrsten Sinne des Wortes „Pferde stehlen kann".

Das Pferd und sein Gefühlsleben

Pferde sind sehr impulsiv und stürzen sich Hals über Kopf in jedes Abenteuer, das ihnen bei ihren weiten Ausritten in die Quere kommt. Sie fangen schnell Feuer, das aber oft nicht sehr lange brennt, weil sie keine Zeit haben, neues Holz aufzulegen. So schnell, wie sie auf Touren gekommen sind, verlieren sie auch wieder das Interesse.

Bei Pferden existiert die „Liebe auf den ersten Blick" nicht nur in der Phantasie. Sie praktizieren sie ihr ganzes Leben lang, und zwar des Öfteren! Ein Pferd dürfen Sie unter keinen Umständen einsperren, wenn Sie verhindern wollen, dass es nach allen Seiten wild ausschlägt. Vielmehr müssen Sie viel Mut aufbringen, um bei seinen waghalsigen Ritten mithalten zu können. Und mithalten müssen Sie, denn ein Pferd möchte nicht alleine gelassen werden, wenn es verliebt ist.

Wenn Sie ihm eine große Freude machen können, schenken Sie ihm etwas, mit dem es noch schneller von einem Abenteuer zum nächsten galoppieren kann.

Der Weg zum Erfolg im Zeichen Pferd
Sie werden auf der ganzen Welt keinen einzigen Bürohengst finden. Wer diesen Begriff geprägt hat, hat auf jeden Fall überhaupt keine Ahnung von Pferden!

Das Pferd stürzt sich mit Begeisterung in neue Projekte. Aber es hat wenig Ausdauer. Wenn sich die Sache zu lange hinzieht, wird sie ihm schnell langweilig. Am liebsten sind Pferde immer unterwegs. Viele Reisen tragen sehr zu seiner Zufriedenheit bei. Wenn möglich, sollte es bei seiner Arbeit auch nicht ständig sitzen müssen. Auch Pferde können ehrgeizig sein, und zwar dann, wenn sie von einer Idee begeistert sind. Dann setzen sie alles daran, ihr Vorhaben auch in die Tat umzusetzen. Zur Erreichung eines Ziels ist ihnen dann kein Weg zu weit.

Berühmte Pferd-Persönlichkeiten
Sean Connery, Frédéric Chopin, Paul McCartney, Rita Hayworth, Jimi Hendrix, Barbra Streisand, Helmut Schmidt, Paul Simon, Armin Müller-Stahl, John Travolta.

Ziege

Yang; Festes Element: Feuer
Chinesischer Name: Yang

Jahreszahlentabelle Ziege

13.2.1907 –	2.2.1908
1.2.1919 –	20.2.1920
17.2.1931 –	6.2.1932
5.2.1943 –	25.1.1944
24.1.1955 –	12.2.1956
9.2.1967 –	29.1.1968
28.1.1979 –	15.2.1980
15.2.1991 –	3.2.1992
1.2.2003 –	21.1.2004
19.2.2015 –	7.2.2016

Die Ziege-Persönlichkeit

Die Ziege ist ein Träumer, der sehr viel Sinn für die schönen und angenehmen Dinge besitzt.
Ziegen leben lieber in einem Traumland als in der nüchternen Alltagswelt. Deshalb überlassen sie die täglichen Pflichten am liebsten anderen, denn es ist nicht so, dass sie von ihren Träumen auch satt werden. Darin liegt die Widersprüchlichkeit der Ziege. Sie verabscheut den grauen Alltag, ist aber auch kein weltfremder Asket.

Was die Ziege unbedingt braucht, ist ein Partner, der für sie sorgt und sie unterstützt. Dafür ist sie auch bereit, sich ihm weitgehend anzupassen. Er muss für den Lebensunterhalt sorgen, damit sie ihre Kreativität entfalten kann. Die Ziege dankt es ihm, indem sie ihn mit ihren phantasievollen Ideen unterhält.

Die Ziege-Geborenen sind verträgliche Menschen, die Streit und Aggression verabscheuen. Ziegen haben keinerlei Zeitgefühl. In den Dimensionen, in denen sie sich meistens aufhalten, gilt auch der allgemein gebräuchliche Kalender nicht. Sollten Sie mit einer Ziege einen festen Termin verabreden, halten Sie besser immer eine Alternative bereit.

Sonst kann es ihnen passieren, dass Sie Ihre wertvolle Zeit damit verschwenden, vergeblich auf die Ziege zu warten. Ihr Lebensrhythmus unterscheidet sich vollkommen von dem eines „normalen“ Sterblichen.

Die Ziege und ihr Gefühlsleben

Ziegen sind Gefühlsmenschen, denen jegliche Logik fehlt. Sie urteilen nach Gefühl, sie handeln nach Gefühl und sie leben nach Gefühl. Ziegen sind treu, solange sie liebevoll gehegt und gepflegt werden. Aber in einer nüchternen Atmosphäre welken sie dahin und machen sich auf, um sich nach neuen Gefilden umzusehen. Dabei kommt ihnen ihre angeborene Neugier sehr zu Gute.

Wenn Sie sich eine Ziege ins Haus holen wollen, müssen Sie bereit sein, ihr alle Geldsorgen abzunehmen. Wenn Sie das tun, kann man Ihnen nur gratulieren! Die Ziege wird Farbe in Ihren grauen Alltag zaubern, dass Sie nur so staunen. Wenn sie versorgt ist, kommen ihre Talente nämlich voll zur Entfaltung.

Der Weg zum Erfolg im Zeichen Ziege

Im Falle einer Ziege muss man nur ein wenig kombinieren, um zu erraten, dass wir es hier nicht unbedingt mit einem Arbeitstier zu tun haben.

Ziegen sind nicht ehrgeizig, was den grauen Alltag anbelangt. Dieses Feld räumen sie lieber sofort und überlassen es denen, die sich hier erproben wollen. Die Ziege hat daran absolut kein Interesse.

Aber jetzt kommt das „große Aber“. Wenn Sie das Talent einer Ziege entdecken und gerne die Rolle ihres Managers übernehmen und das „Mädchen für alles“ spielen, dann entpuppt sie sich als einer der schillerndsten Schmetterlinge auf der ganzen Welt!

Berühmte Ziege-Persönlichkeiten
Isabelle Adjani, Simone de Beauvoir, Boris Becker, James Dean, Cathérine Deneuve, Annie Girardot, Janis Joplin, Laurence Olivier, Walter Scheel, Brooke Shields, John Wayne.

Affe

Yin; festes Element: Metall
Chinesischer Name: Hou

Jahreszahlentabelle Affe

2.2.1908 –	22.1.1909
20.2.1920 –	8.2.1921
6.2.1932 –	26.1.1933
25.1.1944 –	13.2.1945
12.2.1956 –	31.1.1957
29.1.1968 –	16.2.1969
16.2.1980 –	4.2.1981
4.2.1992 –	22.1.1993

22.1,2004 – 8.2.2005
8.2.2016 – 27.1.2017

Die Affe-Persönlichkeit
Affen sind die geborenen Komiker. Ihr größtes Vergnügen besteht darin, ihre Intelligenz dazu zu benutzen, anderen Menschen ein Schnippchen zu schlagen oder sie hinters Licht zu führen. Ein Affe kann sich zwar hochmütig geben, um Sie an der Nase herumzuführen – aber auch das ist wieder nur einer seiner kleinen Tricks! Nein, der Affe will sich einfach amüsieren, und das geht eben manchmal nur auf Kosten anderer.

Zu der vielseitigen Begabung des Affen gehört auch, dass ihm niemand lange böse sein kann, selbst wenn der Affe ihm kurz zuvor das Fell über die Ohren gezogen hat. Affen sind allseits beliebt. Da sie sehr gesellig sind, ist das natürlich sehr zu ihrem Vorteil. Affen sind treue Freunde, freundliche Nachbarn und sympathische Kollegen.

Darüber hinaus besitzt er Weitblick, weshalb er die Folgen seiner Handlungen gut abschätzen kann. Einem Affen das Wasser zu reichen ist nicht gerade leicht.

Der Affe und sein Gefühlsleben
Affen verlieben sich gerne und schnell, aber selbst die größte Liebe macht sie nicht blind. Sie bewahren immer einen kühlen Kopf und entdecken so schneller als andere die Fehler des Partners oder die Schwächen der Beziehung. Das macht es ihnen nicht gerade leicht, ein dauerhaftes Glück zu finden.

Wenn Sie ihn gerne öfter bei sich zu Hause haben wollen, schaffen Sie sich eine große Kinderschar an. Affen bleiben ihr ganzes Leben lang Kinder, weshalb sie am glücklichsten sind, wenn man sie mit Gleichgesinnten Streiche aushecken lässt!

Der Weg zum Erfolg im Zeichen Affe
Affen sind einfallsreich und gewitzt. Sie finden sehr schnell heraus, wo der wunde Punkt ihres Gegners ist oder wie man ihn mit seinen eigenen Waffen schlägt.

Wo so mancher andere Schwierigkeiten hat, was er mit seiner Zeit anfangen soll, ist der Affe ein wahres Genie. Affen können mindestens zehn Sachen gleichzeitig machen.

Affen brauchen viel Abwechslung. Aber da sie so unübertroffen einfallsreich sind, fällt ihnen immer wieder etwas Neues ein, um den grauen Alltag zu beleben. Wenn sich Routine einzuschleichen droht, stellen sie kurz den ganzen Laden auf den Kopf – und schon ist wieder etwas los.

Berühmte Affe-Persönlichkeiten
Jaqueline Bisset, Jill Clayburgh, Joan Crawford, Bette Davis, Federico Fellini, Mick Jagger, Herbert von Karajan, Reinhold Messner, Rod Stewart, Liz Taylor.

Hahn

Yang; festes Element: Metall
Chinesischer Name: Yi

Jahreszahlentabelle Hahn

22.1.1909 – 10.2.1910
8.2.1921 – 28.1.1922
26.1.1933 – 14.2.1934
13.2.1945 – 2.2.1946
31.1.1957 – 16.2.1958
17.2.1969 – 5.2.1970
5.2.1981 – 24.1.1982
23.1.1993 – 9.2.1994
9.2.2005 – 28.1.2006
28.1.2017 – 15.2.2018

Die Hahn-Persönlichkeit

Wenn der Hahn mit seinem prächtigen Gefieder hocherhobenen Hauptes durch die Menge stolziert, zieht er alle Blicke auf sich. Er liebt es, im Mittelpunkt zu stehen, und auch privat will er immer der „Hahn im Korb" sein. Aber das ist nur die eine Seite der Medaille. Hähne sind zudem aufrichtig und ehrlich.

Wer im Zeichen des Hahns geboren ist, hat eine glückliche Hand im Umgang mit Geld. Wenn Sie zu den Unglücklichen gehören, bei denen sich der Gerichtsvollzieher schon ganz wie zu Hause fühlt, holen Sie sich einen Hahn zu Hilfe. Er wird die Sache wieder in Ordnung bringen, aber nicht nur das: Sie bekommen noch eine Strafpredigt gratis dazu!

Der Hahn und sein Gefühlsleben

Hähne brauchen die Bewunderung wie die Luft zum Atmen. Darüber hinaus sind sie aber auch sehr verantwortungsbewusst. Sie kennen ihre partnerschaftlichen Pflichten und füllen sie gewissenhaft aus.

Mit der Treue nehmen sie es nicht so genau. Oft reicht die Bewunderung eines Einzelnen nicht aus, um sie zufrieden zu stellen. So mancher Gockel hält sich daher einen Harem in Reserve.

Dennoch sind Hähne umgekehrt sehr eifersüchtig. Jeden Rivalen schlagen sie in die Flucht. Hähne sind sehr gesprächig und reden viel und gern.

Wenn Sie sich einen Hahn ins Haus holen wollen, sparen Sie nicht mit Komplimenten. Wenn Sie bereits einen Hahn im Haus haben, machen Sie ihm ab und zu eine kleine Szene. Das schmeichelt ihm.

Der Weg zum Erfolg im Zeichen Hahn

Wenn ein Hahn nicht im Rampenlicht stehen und sein Talent im Show-Business entfalten kann, verdient er sich in allen Berufen seine Lorbeeren, in denen er sich als Finanzgenie betätigen kann.

Hähne sind gewissenhaft und vernünftig. Von riskanten Unternehmungen lassen sie von vornherein die Finger, denn dazu fehlt ihnen der nötige Optimismus und die Phantasie. Sie schlagen lieber den sicheren Weg zum Erfolg ein und kommen mit Ausdauer und Methode an die Spitze.

Hähne liefern immer Präzisionsarbeit. Sie erledigen ihre Pflichten mit peinlicher Genauigkeit und Sorgfalt.

Berühmte Hahn-Persönlichkeiten
Jean Paul Belmondo, Prinzessin Caroline von Monaco, Joan Collins, Katherine Hepburn, Elton John, Simone Signoret, Peter Townsend, Peter Ustinov.

Hund

Yin; festes Element: Metall
Chinesischer Name: Gou

Jahreszahlentabelle Hund

10.2.1910 – 30.1.1911
28.1.1922 – 16.2.1923
14.2.1934 – 4.2.1935
2.2.1946 – 22.1.1947
16.2.1958 – 8.2.1959
6.2.1970 – 26.1.1971
25.1.1982 – 12.2.1983
10.2.1994 – 30.1.1995
29.1.2006 – 17.2.2007
16.2.2018 – 4.2.2019

Die Hund-Persönlichkleit
So beliebt Hunde bei ihren Mitmenschen auch sein mögen, sind sie doch selten zufrieden, weil sie ihren angeborenen Hang zum Pessimismus niemals ganz in den Griff bekommen.

Hunde leiden sehr unter ihrer Unruhe. Deshalb brauchen sie viel Sicherheit und Geborgenheit. Hunde verfügen über eine fast unfehlbare Menschenkenntnis, daher kann man ihnen nicht viel vormachen. Wenn der Hund sie aber einmal als seinen Freund auserkoren hat, weicht er Ihnen nicht mehr von der Seite, und Sie werden jeden Tag wieder dankbar sein, dass Sie behaupten können, einen wahren Freund fürs Leben gefunden zu haben.

Der tiefgründige Hund ist nicht nur ein Menschenfreund, vielmehr übernimmt er auch mit Vorliebe eine humanitäre Aufgabe. Darin kann er vollkommen aufgehen und sogar seine eigenen Sorgen vergessen!

Der Hund und sein Gefühlsleben
Der Hund unterscheidet im Umgang mit Menschen nur zwischen Freund und Feind. Er wittert sofort, wer einen guten und wer einen schlechten Charakter hat, und daran orientiert er sich auch. Obwohl er nach außen hin tolerant ist, wird er sich mit niemandem näher einlassen, der seiner feinen Nase nicht so ganz gefällt. Wenn er enttäuscht wird, vergisst er das ein Leben lang nicht. Hunde besitzen nämlich ein ausgezeichnetes Gedächtnis und darüber hinaus sind sie sehr empfindlich und verletzbar.

Ein Hund ist warmherzig und liebevoll. Er gibt es Ihnen unmissverständlich und ohne große Umschweife zu verstehen. Der Hund ist die Treue in Person.

Der Weg zum Erfolg im Zeichen Hund
Wie Sie sehen werden, gibt es sehr viele prominente Hunde und das, obwohl der Hund sehr selbstlos ist. Selbst wenn er eine Führungsposi-

tion einnimmt, verhält er sich immer human, fair und großzügig. Vielleicht ist das sein Trumpf im Ärmel, der ihn so erfolgreich macht.

Hunde müssen an eine Sache glauben, dann machen sie sie zu ihrer Lebensaufgabe. Wenn Hunde diese gefunden haben, beweisen sie, zu welchen Opfern sie fähig sind und welch ein heldenmütiges und großes Herz sie besitzen.

Der Hund-Geborene kämpft für die Gerechtigkeit. Wenn man ihn selbst oder jemanden, der ihm sympathisch ist, betrügt oder mit unfairen Mitteln übers Ohr haut, wird er wild.

Berühmte Hund-Persönlichkeiten
Brigitte Bardot, David Bowie, Charles Bronson, Rainer W. Fassbinder, Ava Gardner, Judy Garland, Michael Jackson, Sophia Loren, Shirley MacLaine, Inge Meysel, Liza Minelli, Donald Sutherland, Sylvester Stallone, Mutter Teresa.

Schwein

Yin; festes Element: Wasser
Chinesischer Name: Ju

Jahreszahlentabelle Schwein

30.1.1911 – 18.2.1912
16.2.1923 – 5.2.1924
4.2.1935 – 24.1.1936
22.1.1947 – 10.2.1948
8.2.1959 – 28.1.1960

27.1.1971 – 14.2.1972
13.2.1983 – 1.2.1984
31.1.1995 – 18.2.1996
18.2.2007 – 6.2.2008
5.2.2019 – 24.1.2020

Die Schwein-Persönlichkeit

Das Schwein gilt als das ehrlichste und gewissenhafteste Zeichen in der chinesischen Astrologie. Man könnte es geradezu als „Wahrheitsfanatiker“ bezeichnen. Da es darüber hinaus noch sehr gutmütig ist und nur an das Gute im Menschen glaubt, lässt es sich manchmal ganz schön an der Nase herumführen.

Schweine sind, ganz anders als der Ruf, der ihnen im Tierreich vorauseilt, Luxusgeschöpfe. Sie genießen das Leben mit all seinen sinnlichen Genüssen, in denen sie so richtig schwelgen können.
Da sie sehr gesellig und großzügig sind, lassen sie andere gerne daran teilhaben. Obwohl man Schweine oft ein wenig antreiben muss, können sie sehr aktiv werden. Das Schwein ist immer die gute Seele, die sich stets eifrig bemüht, alles zur vollsten Zufriedenheit zu erledigen und sich allseits nützlich zu machen.

Wenn es ums Geld geht, sind Schweine viel zu weichherzig. Es lässt sich von so manchem Schmarotzer ausnehmen wie eine Weihnachtsgans, wenn es nicht auf der Hut ist.

Das Schwein und sein Gefühlsleben

Schweine sind sinnlich und leidenschaftlich, und sie lieben das Leben.

Daher setzen sie ihre Träume immer in die Realität um. Voller Lebensfreude genießt ein Schwein alles, was ihm die Liebe zu bieten hat – und das ist eine ganze Menge.

Das Schwein ist von einer ganzen Schar von Bewunderern umgeben und tut sich oft schwer damit, aus ihnen den einen auszuwählen, mit dem es die Überfülle seines Lebens teilen möchte.

Wenn es ihn oder sie aber gefunden hat, ist es treu und absolut ehrlich. Dieselbe Zuverlässigkeit und Aufrichtigkeit erwartet es auch von seinem Partner.

Ein Schwein ist sehr sensibel und anhänglich. Ab und zu liebt es aber auch das Alleinsein und erwartet, dass man ihm für eine Weile seine Ruhe lässt.

Wenn Sie sich ein Schwein angeln wollen, sollten Sie immer eine kleine Aufmerksamkeit mitbringen. Ebenso ratsam ist es, seinen Geburtstag nicht zu vergessen, denn es ist zutiefst gerührt, wenn Sie daran denken. Und was bei einem Schwein immer wirkt: Laden Sie es in ein erstklassiges Restaurant zu einem erlesenen Diner mit mindestens fünf Gängen ein!

Der Weg zum Erfolg im Zeichen Schwein
Schweine interessieren sich nicht so sehr für den Erfolg, aber dafür umso mehr für den Wohlstand. Das Schwein ist kein Speichellecker, das verstößt gegen seine Würde. Es geht auch nicht über Leichen, dafür ist es viel zu loyal und human. Es

schuftet auch nicht für zwei, dafür liegt es zu gerne faul am Swimming-Pool. Wie also kommt unser Schwein zu Ruhm und Ehren?

Nun, man muss ihm manchmal einen recht unsanften Schubs geben, damit es sich auf die Hinterbeine stellt. Für andere hat es oft den Anschein, als müsse ein Schwein nur den kleinen Finger rühren, um die Quellen zum Sprudeln zu bringen. Wo andere die Karriereleiter hinaufhetzen, bleibt unser Schwein gelassen und erntet doch in Hülle und Fülle.

Berühmte Schwein-Persönlichkeiten
Woody Allen, Fred Astaire, Humphrey Bogart, Maria Callas, Jacques Cousteau, Alain Delon, Alfred Hitchcock, Vicco von Bülow (Loriot), Rainier von Monaco, Albert Schweitzer.